日常の中の哲学

庭田茂吉
Shigeyoshi Niwata ◉ 著

萌書房

日常の中の哲学＊目次

日常の中の哲学

愛する真子に

一　だってママじゃないもん

医師が自分の診察室から窓越しに外を見ている。いつものありふれた風景がある。そこを子どもが走って逃げている。女のひとがそれを追いかけている。子どもが嫌がって逃げ、母が怒りながら追う。街の人々は笑ってそれを見つめている。ほほえましいと言えば、そう言えるかもしれない。人々が取り囲み、子どもがつかまる。すかさず母が言う。「学校はどうなっているの？ どうして学校に行かないのよ？ いい、よく聞きなさい、どうして逃げるの」。男の子が叫んでいる。「どうして逃げるのかって？ だってママじゃないもん」。「ママじゃない？ 何言っているの。ママでしょう。ママじゃないの？ 何だっていうの？ ママでしょうよ。この子ったら、おかしなこと言うわね」。子どものたわいもない言い訳に笑い声があがり、子どもが母親に叱られて一件落着かのように見えたが、その後も子どもの「ママじゃないもん」の声は執拗に続く。逃げる子どもと追いかける母親、本当にこれで終わりなのだろうか。

次の日、同じく医師が自分の診察室から窓越しに外を見ている。いつもの見慣れた風景がある。そこを昨日の子どもと母親が仲良く歩いている。親子の親しげな様子が見て取れる。逃げることも追いかけることもない。もはや喧騒はない。ありふれた風景がそこにある。人々の声と子どもの声がする。「あらあら、今日は仲良く散歩？」。「だってママだもん、ボクのママだもん」。米国の西海岸、カリフォルニア州サンタ・マイラという小さな街で、静かな日常の時間が過ぎてゆく。まだ何も起こっていない。まだ誰も気づいていない。二つの「だって」の間に何があるのか。

†

これは私が切り取った、ドン・シーゲルの一九五六年の映画『ボディ・スナッチャー　盗まれた街』の中の一場面である。[*1] ここでは映画について語ることが主題ではないので、深入りはしない。しかし、一言だけ言っておきたい。早撮り低予算の正しい意味でのB級映画の恐ろしいほどの傑作。なお、助監督としてサム・ペキンパーが脚本にも参加している。原作は、映画公開の前年、一九五五年に米国で刊行された、ジャック・フィニィ『盗まれた街』である。何度も映画化され、日本語訳の原作もよく読まれた作品である。福島正実訳の書き出しの文章は、以下の通りである。「これからあなたの読みはじめるこの物語には、未解決のまま終わる疑問や、最後まで解答のでない問題が、おそらく数多く出てくるということを、まず警告しておこう。最後にはすべて手際よく結びあわさって、なにもかも解決され満足のゆく説明がなされる——こうしたことは、この物語にかぎってはない」[*2]。

しかし、ここでの私たちの始まりは、「ママじゃないもん」と「ママだもん」である。両方に「だって」がつく。「だって、ママじゃないもん」において何が起こったのか。この「だって」は逃げる男の子どもだけに起こった出来事ではない。主人公の医師の元恋人ベッキーによれば、彼女のいとこのウィルマの様子がおかしい。いとこの彼女が自分の伯父さんが自分の伯父さんではないと言い出したというのである。この伯父さんは夫婦でウィルマを親代わりとして育ててくれた人物であり、簡単に自分の伯父さんではないと言えるような関係ではない。しかし、ウィルマは繰り返し私の伯父ではないと強固に言い張る。妄想なのか、何かの病気なのか、それともまったく別の何ものかなのか。実際に現場に立ち会ったベッキーの目には、どう見ても彼女の伯父さんにしか見えないが、ウィルマにはそうではないらしい。それにウィルマの何かに怯えたような表情も気になる。ベッキーには確信はないが、何かがおかしいように見える。けれども、異変といっても、伯父の身の上のことなのか、それとも彼女の身の上のことなのか。この時点では、ベッキーの感じ取った異変は、ウィルマに関してのものであって、伯父さ

＊1　最初の映画化作品、ドン・シーゲルの『ボディ・スナッチャー　恐怖の街』は製作当時日本に輸入されなかったが、その後ヴィデオ化され、見る機会が与えられたとのこと。ジャック・フィニィ原作の文庫版伊藤卓の解説では、原作にはない映画版独自のアイデアにあふれ、特にクライマックスでは観客を圧倒する一九五〇年代SF映画、「屈指の作品」と紹介されている。本文を読めば解るように、私はもちろんSF映画として見ているわけではない。なお映画化はシーゲルのものを含め、全部で四作品とのこと。

＊2　ジャック・フィニィ『盗まれた街』（福島正実訳）、ハヤカワ文庫、二〇〇七年、七頁。

んについてのそれではない。半信半疑のなか、このような報告が目立たない仕方ではあるが、徐々に増えてゆく。そうなると、こう思わざるを得なくなってくる。よく解らないが、奇妙な事態が起こっているらしい。どんな異変なのだろうか。

他方、「だって、ママだもん」の「だって」は何を意味するのか。ママじゃなかったはずのママが一夜にしてやっぱり「ボクのママだ」になる。あれほど嫌がって逃げていた子どもが親しげにママと手をつないでいる。ママに抱きついている。昨日のことは何だったのだろう。もっとも、単なる親子喧嘩と見れば、その通りであろうし、何があったにせよ、仲直りすることは悪いことではない。しかし、本当にそうなのか。ウィルマの場合も奇妙と言えば、奇妙である。あれほど強固に言い募った「伯父さんではない」が、ウィルマのなかから消えていく。ベッキーの不安が医師の訪問を要求し、医師は医師でいつものウィルマと伯父を目撃し、ベッキーの心配が杞憂にすぎないことを悟る。しかし、それでも、彼女にはなお一抹の不安が残り続ける。ベッキーの側から見ると、依然として異変は異変なのである。もっと正確に言えば、ここで問題になっているのは、もう一つの異変、伯父だけではなく、疑いをなくしたウィルマに起こっている異変なのである。あの二つ目の「だって」の異変なのである。こうして、二つの「だって」は一対のものとして異変を作り上げている。

†

やがて、サンフランシスコ郊外のこの静かな田舎街で、よく解らない半信半疑が確信に変わるときがやって来る。信頼を寄せていた友人に同じようなことが起こったとしたら、どうなるか。ごく身近な人々の間で、「だって」が頻繁に起こるとどうなるか。ママがママでなくなり、ママが「ママ」になる。伯父さんが伯父さんでなくなり、伯父さんが「伯父さん」になる。妻が妻でなくなり、妻が「妻」になる。これは何を意味しているのか。これらの出来事は、何も大げさな話ではない。静かに始まり、静かに終わる。ごく普通の日常の中の一齣である。しかも、奇妙なことに、当事者の間で、異変が起こってはすぐさま異変が消えてゆく。異変は長続きしない。異変はやがて異変でなくなる。簡単に、「ママじゃないもん」が「ママだもん」に、「伯父さんじゃない」が「伯父さんです」に変わってゆく。どれほどの異変なのか。二四時間といったら、短いと思うだろうか、それとも長いと思うだろうか。それほどの事態なのか、それとも、その程度の事態なのか。それに、ここには、もう一つ問題がある。「ママじゃないもん」から「ママだもん」に戻るのだから、問題はないと考えられるし、いやそれから「それ」への変化は問題なのではないかとも考えられる。逃げる子どものその後の屈託のなさ、疑うウィルマのその後の屈託のなさ、それこそ解決なのではないか。街の様子や人々の暮らしは、変わらず平穏である。いや、そうではない。その後も街全体を巻き込んで、この奇妙な事態は起こり続けているのだから、やはり問題なのではないか。彼が彼でなくなり彼が「彼」になる、彼女が彼女でなくなり彼女が「彼女」になる、これはやはり問題なのではないのか。アンビヴァレントな問いはいつまでも続くことになる。

ここで種明かしをしよう。ジャック・フィニィの物語では、ある日宇宙から飛来した謎の植物物体、莢《さや》状の飛来物がまず人間の身体を乗っ取り、それから魂や心を「スナッチ」することで、人間が完全に入れ替わる異変が詳細に描かれている。私は詳しくはないが、このようなテーマは、謎の飛行物体による乗っ取りもの、あるいは乗っ取られものという「侵略」SFテーマと言われるもので、今ではそれほどめずらしいものではないらしい。フィニィの作品では、一人ひとりの身体が乗っ取られていくだけではなく、それが街そのものの乗っ取りにまで及んでいく点に特徴があり、そこからいかにして脱出するかという面白さがある。ドン・シーゲルの映画では、終わりの場面での医師と元恋人ベッキーの脱出劇のハラハラドキドキが素晴らしく、街からの脱出をはかる、これほど長い時間、美しい女性の逃げる走る場面、それもひたすら走る場面を私はいまだ見たことがない。この映画をまったく違う意味で走る映画と言いたいほどだが、この場面の連続だけでも素晴らしいとしか言いようがない。とはいえ、私がこの物語について語りたいのは、やはり「身体の乗っ取り」についてなのである。ハヤカワ文庫版で、伊藤卓が解説で指摘するように、この作品の成功は、「自分の親しい存在が突然見知らぬ他者に変容すること」という普遍的な恐怖をテーマとした点にある。*3 ただ私は、ここでそれを少し読み替えてみたい。すなわち、私の身体が私の身体でなくなること、すなわち私が私でなくなることは、「人間の心の深奥」に何をもたらすかを考えてみたい。「だってママじゃないもん」から「だってママだもん」までの変容の過程で何が起こっているのか。私たちはいつでも突然の他者の変容に立ち会っている。あるいは、他者から見れば、彼らは私の突然の変容にとまどっている。そのような経験は或る種の状況において決してめずらしくもないだろう。この経験においては、恐怖も驚きもとまどいも困惑も混乱も衝撃も決して小さなものではないだろうが、ごくありふれた事態であるとも言える。

†

物語のはじめに戻って、見知らぬ他者への突然の変容について確認すると、次のようになる。追いかけるママに対して、逃げる子どもはママの異変に気づいていた。今日のママはどこか違う。しかし、街の人々にはママはいつものママである。そこには異変はない。子どもの「だって、ママじゃないもん」を種明かしの言葉を使って翻訳すると、追いかけるママは宇宙から飛来した謎の植物によって乗っ取られ、すでにママではなくなってしまった「ママ」なのである。子どもは、ママが顔も体も表情もしぐさも動きも言葉も何もかもママなのに、それでもやはりママではないと思っている。注意すべきは、それを感じ取っているのは、当の子どもであって、他の人々ではないという点である。言うまでもなく、「莢」による乗っ取りが不完全だからではない。ママはやはり「スナッチ」の原義通り、どこかに運び去られたのである。もちろん、身体だけが運ばれ、精神はそのままということでも、その逆でもない。

＊3　伊藤卓「解説」『盗まれた街』所収、三七〇―三七一頁参照。

時間のずれにおいて、身体と精神は一つなのである。乗っ取りは、一日で完成する。この乗っ取りによって、ママはもはやママではない。では、乗っ取られたママは誰なのか。言うまでもなく、「ママ」である。しかし、子どもにはそれがママではないことが解る。彼にとっては、「ママ」はママではないのである。

それでは、他方、「ママ」の側はどうか。「ママ」は自分がママであることをもはや知らない。「ママ」は自分が「ママ」であると思っている。だから、「ママ」は「ママ」なのである。追いかけるママ、不登校の子どもを叱るママ、彼女はもはやどこにもいない。彼女は、子どもにとっても彼女自身にとっても、「ママ」以外の何ものでもない。では、なぜ、子どもには解るのか。では、なぜ、街の人々には解らないのか。この状況は、ウィルマの場合も同様だが、フィニィの作品の中には答えがない。ただ本人たちだけには解ったという仕方でしか描かれていない。デカルトのように、懐疑を用いたわけでもないし、精神の洞見によって覚知したわけでもない。彼らの勘のようなものによって感じ取ったとしか言いようがない。だから、医師には理解不能だったのである。しかし、この気づきはやがて消滅する。なぜなら、今度は、子どもの身体が、ウィルマの身体が、乗っ取られるからである。「スナッチ」された子どももウィルマも、つまり「子ども」も「ウィルマ」も、もはや異変は感じない。彼らは「ママ」の仲間なのだから。「伯父さん」の仲間なのだから。かくして、乗っ取りは街全体へと拡がっていく。友人も親しい隣人も、乗っ取られた人々の仲間になっていく。そのうち、あの映画のように、医師と元恋人だけが残される。その結果、彼と彼女は、この恐怖の街から街の外に向かって、走る、走る、ひたすら走ることになる。眠ってはいけない。というのも、眠ることは乗っ取られることを意味するからである。ここではまだ、医師とベッキーの身体は医師とベッキーの身体だが、眠ってしまえば、自分たちの身体ではなくなってしまうからである。

しかし、それにしても、なぜ本人たちだけに解って、周囲の人々には解らなかったのだろうか。「勘のようなもの」と言ったが、この事態をもっと深く考えていくとどうなるか。例えば、信頼という語で、他者の突然の変容と私の変容とを取り上げるとどうなるか。親しくしていたひとが突然疎遠になる。一方には、理由は分からない。私たちは通常、あるひとを信頼する場合、今までと同様に、この関係が今日も明日も続くだろうと思っている。信頼は瞬間的であるよりも持続的だからである。信頼を得るまでの時間、信頼するまでの時間、それにかかった時間だけ、信頼は今日も明日も続くことになる。昨日親しくした友人に、今日も親しく接する。それはごく普通のことである。ところが、昨日の親しさから今日の疎遠となると、そこに何が起こったのか考えたくなるだろう。理由なり原因なりを求めて、あれこれ思うだろう。やがて親疎の感情は信頼そのものの問題にまで拡がっていくかもしれない。考えたくはないが、信頼は不信や疑惑や裏切りをもたらすこともあり得るのである。

なぜ子どもがママの異変に気づいたか。子どもとママとのつながりには、両者の間に愛に基づく信頼としか呼びようがない深いつながりがあったからである。この深いつながりとはどのようなつながりなのか。これは、『つながりの精神病理』において、中井久夫の言う、「生ぐさい」ものなのではないか。[*4]

中井から離れて考えると、この生ぐささは厄介なものを含んではいるが、逃げる子どもが抱く、ママに対する直観のなかに生き生きと働いているものなのではないか。もし、追いかけるママに、この生ぐささがなかったとしたらどうだろうか。子どもはママではないと思うのではないか。子どもにとって、ママがママであるとは何を意味するのか。ママがママであることを確証するものとは何か。それはママが生きているということそれ自体に関わる何か、つまり生ぐささなのではないか。似たような語に、生々しさという言葉があるが、言ってみれば、生気のようなものを考えれば、それに近いかもしれない。生ぐささを感じないとは、生気を感じないとも言い換えられる。生気がないという表現は、死者のようだとも言えるだろう。追いかける「ママ」、すなわち身体を乗っ取られた「ママ」は、生きている、生ぐささや生々しさや生気を感じさせないママであって、ママとは別物の「ママ」なのであろう。ウィルマの場合も同様に、彼女にとっての伯父さんは何から何まで伯父さんなのだが、別物の「伯父さん」なのであろう。

†

先に触れたように、『盗まれた街』のテーマは、「自分の親しい存在が突然見知らぬ他者に変容する」というものだが、ここには「私が私であること」と「あなたがあなたであること」をそれとして成り立たせている本質が見え隠れしている。他者との関係で言えば、親しい関係であればあるほど、つながりが深ければ深いほど、そこには「生ぐささ」や「生々しさ」や「生気」が立ち昇っている。私たちは、他者たちからそれらを感じ取ることでママや伯父さんや恋人をそのつど同定している。だからこそ、ママはママであり、彼は彼であり、恋人は恋人なのである。しかし、ママがママでなくなるとき、彼が彼でなくなるとき、恋人が恋人でなくなるときがある。信頼が不信に変わったり、確信が疑念に変わったり、親しいひとが疎遠なものに変わったりする。そこに私たちがいちいち恐怖を感じるかどうかはさまざまだろう。子どもたちの世界を例に取れば、仲のよい友だちだと思っていたクラスメートが突然見知らぬ他者に変容する。昨日まで友人と思って仲良くしていたものが今日は別人になってしまう驚きやとまどいや困惑。あれ、友だちではないの、友だちではなかったの、という驚き。たちまち、空気が変わった、私の使わない言葉で言えば、「距離感」が変わったという奇妙な感じが教室を支配し始める。あるいは、職場を、会合の場を、要するに人間と人間との間の変容が生まれる。それでは、「間」の支配者は誰か。

フィニィの作品では「ボディ・スナッチャー」だが、われわれの世界では広義の「メディア」なのではないか。運ぶもの、伝えるもの、そして橋渡しするもの、文字通り媒介するものとしての媒体の恐怖、

＊4　「生ぐささ」という言葉は、以下の中井久夫の文章から借りた。ただし、本文でも触れたように、使い方は異なる。「人間と人間とのつながりは、常識が考えるよりもはるかに複雑で奥行きと広がりがあり、また生ぐさいものである」(「つながり」の精神病理——対人相互作用のさまざま——」『「つながり」の精神病理』所収、ちくま学芸文庫、二〇一一年、一三五頁。

いや原義の神の言葉を伝える巫女たちの託宣の恐怖。かくして、関係のなかから、つながりのなかから、私の、あなたの、彼の、彼女の、そして人々の居場所が奪われ、見捨てられてゆく。場を支配する「空気」と私たちが呼ぶものの正体がここにある。とりわけ現代日本社会にあって際立つ「空気」なるものの支配の顔がここに見える。しかし、この「空気」の支配自体は決して新しい問題ではない。中井正一をはじめ、かつて「気」という語の変遷にも、「空気」の正体の解明に取り組んだ作品がないわけではないからである。[*5] ただ私には、この空気の問題はテクノロジーの途方もない発展、それも情報系のそれの想像を超えた発展によって、見えるメディア、見えないメディアを問わず、今やわれわれの世界のありとあらゆる場所を覆い尽くしているように思われる。一九三四年、ベンヤミンが「没後十年を迎えて」寄稿した文章、「フランツ・カフカ」のなかで、カフカ独特の身ぶりの表現に触れた後、次のように言っている。「人間相互の疎外が頂点にまで達した時代、見究めがたく媒介された関係性が人間の唯一のあり方となってしまった時代、この時代に映画と蓄音機は発明された。映画のなかでは人間は自分自身の歩行を見分けることができず、蓄音機では自分自身の声を聞き分けることができない。実験はこれを証明している。こうした実験における被験者の状況がカフカの状況である。彼を勉学に向かわせるのはこの状況なのだ。おそらく彼はそうしつつ、まだかろうじて役の連関のなかにある、自身の存在のさまざまな断片に出くわすのである」[*6]。ベンヤミンはこの後、シャミッソーの影を失った話に触れ、このカフカの勉学の困難を言う。実はこのカフカの状況は私の卒業論文「経験の還流」のテーマであり、引用した部分もそのときと同じものである。もう四〇年以上も前のことだが。

時間がたちました。しかし、私自身を含めて、何も変わっていない。カフカ的状況はわれわれの現在である。ありとあらゆる媒介が世界を覆い尽くし、もはや直接自己や世界を感じ取ることなど不可能であり、どこにいってもメディアが追いかけてきて、自分自身や世界からの逃走などありえない。ひとは「喜び」とともに監視に身をゆだね、見られる「私」が本当の「私」だと思いこんでいる。「私を見て！」と、すすんでメディアの前に立つ。見られたい、見て欲しい、私はここにいる、と必死に叫んでいる。それが楽しいのであり、人々の喜びなのである。間違いなく、人間は表現する動物である。自己の存在の根拠は、もやは「私」にはない。「私」の存在の根拠は、「他者」にある。ルソーの言う、「社会状態」において、「自己愛（amour de soi）」ではなく、「利己愛（amour propre）」を生きる私たちがここにいる。

†

＊5　中井正一「気（け、き）の日本語としての変遷」『中井正一評論集』（長田弘編）所収、岩波文庫、一九九五年。例えば、赤塚行雄『気の構造』講談社現代新書。同じく、『非国民のつくり方』潮出版社。また、山本七平『空気の研究』文春文庫、など。

＊6　ヴァルター・ベンヤミン「フランツ・カフカ」『ベンヤミン・コレクション2　エッセイの思想』（浅井健二郎編訳）所収、筑摩学芸文庫、一九九六年、一五九－一六〇頁。

二〇一八年は、一九三四年と、そして一九五五年と、地続きである。カフカとベンヤミンとジャック・フィニィとドン・シーゲルとサム・ペキンパーと、そして「現代日本社会」とが重なる。ここには、あの逃げる子ども、あの疑うウィルマ、あの窓越しに見つめる医師、あの必死に走るベッキーはいないが、ちょうどあの「盗まれた街」を無心に歩き続ける人々のように、自分の身体を「メディア」に「スナッチ」され支配された、無数の人々、昨日も今日もそして明日も携帯電話を見つめながら無心に歩く人々がいる。外を見るのでも内を見るのでもない無数の人々、すなわち「他者」に支配された私たちがいる。彼らは、私たちは、何を見ているのだろうか。「携帯電話」の世界を、「メディア」の世界を見ている。それはどんな世界なのか。それは、無数の部分に分割され乱反射する無邪気な世界、無数の人々が作り上げる、ライプニッツを引き合いに出すまでもない、神なき、予定調和なき、「イノセント・ワールド」なのではないか。ここにはもはやあの「莢」のような宇宙からの謎の飛行物体は存在しない。ごくありふれたわれわれの日常の必死の努力があるだけである。しかし、本当の支配者はどこかにいる。全体を統べる、神の言葉を伝える巫女たる「メディア」。私は、そこに、『盗まれた街』よりもっと恐ろしい、新たな「ボディ・スナッチャー」としての「メディア」に乗っ取られた現代日本社会の身体の物語を見る。昨日も今日も、そして明日も、乗っ取られた無数の身体が「携帯電話」を片手に街を歩いていたし、歩いているし、歩くだろう。彼らの身体は、そして私たちの身体はどこへ向かっているのだろうか。

二　人心の行方、ある戦いの風景

悪は、私の内にも外にもある。私の内に潜む暴力性の自覚、私の外に広がる暴力の連鎖への恐怖。ただし、ここで問題にしたいのは、暴力といっても、最も広い意味でのそれである。それゆえ、人々の生活に陰微な形で見え隠れする、日常の中の暴力性と、街の底で静かに繰り広げられている沈黙の戦いの風景とを取り上げてみたい。

カフカは、第一次世界大戦の少し前に、「ある戦いの記録」という名のもとに二つの草稿と短い断片を書き上げ、生前いくつかの部分を独立した作品として発表した。全体は未完成に終わったが、今はそれらをまとめて読むことができる。しかし、面白いことに、タイトルとは異なり、そこに人々の考えるような目に見える戦いがあるわけではない。あえて言えば、この作品は二人の人物による奇妙な「争い」を描いたものである。しかし、彼にはめずらしいことだが、カフカはこのタイトルに固執した。なぜ、それは、「ある戦いの記録」でなければならなかったのだろうか。予め種明かしをすると、二人ではなく、一人が問題だったからではないだろうか。要するに、自分と自分との戦いが問題だったからではないだろうか。

この作品を手がかりにして日常の中の暴力性を解読すると、現代の日本社会を生きる人々の思考と行動の一端に触れることができるのではないか。「人心の行方」という言葉がある。人々は、今、どこに行こうとしているのか。私の内と外にある悪の問題、とりわけここでは暴力の問題を追跡することで、この街の底で蠢いている「人心の揺れ」の方位を探ることができるのではないか。

†

ありふれた、日常の中の街の風景の一齣である。向こうからひとが歩いてくる。私はここにいる。彼はまっすぐに向かって来る。よける気配はまるでない。辛うじてかわしてよける。すれ違いざま、目と目が合う。避けようともしない。私の中に危険を知らせる何かが生じる。ドアの前に人が立つ。開くとそのまま突進。譲る気配はまったくない。周囲を気にする様子もまったくない。いったい何が起こっているのか。譲る、避ける、かわす、よける、そらす、どける、遠近の感覚の中で気配を頼りに、互いの身体が瞬時に判断する。そのことによって、衝突や接触や争いを避ける。難しいことではない。しかし、そうはいかない。何が起こっているのだろう。もはや気配という語は死語なのだろうか。気配を感じ取る力が衰えているのだろうか。

道行く人はどこに向かっているのか。家に、会社に、学校に、待ち合わせ場所に。いや、そうではない。人々は、争いの場所に、暴力の場所に、戦いの場所に向かっているのではないか。正確には、それらが生まれる場所に、大小問わず暴力性の場所に、向かっているのかもしれない。ベンヤミンの『暴力批判論』のように、暴力の根源を問う仕事とは別に、人々の日常生活において暴力を考えるとき、街の中の戦いの風景を見つめ直すことは重要であるように思われる。例えば、宮台真司は、昔からのクセで行き交う男女の「オーラ」を読みながら、久しぶりに池袋の雑踏を歩いた後、次のように書いている。

「そうやって雑踏を歩くと、改めて人々の〈感情の劣化〉を感じ取れる。互いによけ合うこともせずに突進したがる者。連絡事項もないくせにきぜわしげにスマホをいじる信号待ちの者。さしたる用事もないくせに歩行速度の遅さに苛立つ者……」[*1]。ここに何か特別なものがあるわけではない。東京池袋という場所は別にして、ごくありふれた日常の風景であろう。もっとも、地方都市に行けば、人々が行き交うこんな風景すらめずらしいものになってしまっているのだが。

続けて、宮台は次のように言う。人々の「オーラ」が「防衛的に固く、その周波数を感じるたびにヒリヒリしてしまう」。「ヒリヒリ」とは、彼の歩く身体の肌の表面の感覚であろう。そこに暴力の予兆のようなものを感じ取るのは、大げさであろうか。そして、彼もまた「いつからこんなふうになったの

*1　蓑原敬・宮台真司『まちづくりの哲学――都市計画が語らなかった「場所」と「世界」――』（代官山ステキなまちづくり協議会企画・編集）、ミネルヴァ書房、二〇一六年、三八六頁。

か」と問う。ここでは、私の言う「気配」ではなく、「オーラ」という語が使われているが、語られている事態は同じようなものであろう。彼は、このような街の風景の変化を「感情の劣化」という言い方で表わしている。私には、宮台のようなフィールドワーク、すなわち観察的な街歩きの習慣はないが、それでも気配を感じ取る力の衰えや消滅についてはこれまでずっと感じてきた。宮台は「オーラ」を通して人々の「自己防衛」の方に目を向けているが、私から見ると、「自己防衛」というよりも、むしろ、他性への鈍感さ、奇妙な馴れ馴れしさ、恐れのなさ、無警戒さが年ごとに際立ってゆく様子が問題であるように思われる。

内に向かうにせよ、外に向かうにせよ、人と人とが作る距離が壊れてしまったのかもしれない。しかし、反対に、この距離の破壊や消滅や噛み合わなさが行き交う人々の間に接近や接触への恐怖をもたらすとしてもおかしくはないにもかかわらず、なぜひとは警戒ではなく無頓着へと傾いていくのか。人々もまた、少なくとも、宮台真司のように、「ヒリヒリ」しても構わないし、あるいはまた、私のように「気配」に敏感であってもおかしなことではない。しかし、そうではなく、繰り返しになるが、むしろ人々は、「感情の劣化」や「鈍感さ」に陥ちていっているように見える。どういうことなのであろうか。

私には近さへの恐怖がある。微妙な距離が消滅し、人と人との「あいだ」が近すぎるという恐怖、あるいは「あいだ」が狭すぎるという恐怖。例えば、肩と肩とがぶつかる、背中に触れる、手や足やからだの一部が接触する、果ては、見知らぬ他人の「熱」を感じる。これらの気持ち悪さは、私に息苦しさや暴力の感触のようなものをもたらす。最も象徴的なシーンを例に取って言うと、並んで電車を待つ。一番前に並ぶ。何かが起こるかもしれない。後ろから押されて、そのまま駅のプラットフォームから落下する。突然何らかの力が加わり、不可抗力で行列が乱れ事故へとつながる。これまでそのような現場に居合わせたわけではないが、こうした事態はどうしても避けたい。だから、決して人の前には並ばないし、行列には加わらない。多分、これは、過剰な反応なのだろう。宮台の言う、行きすぎた「自己防衛」なのかもしれない。しかし、「あいだ」の消滅や狭さは日常の生活圏をおおっており、至る所で小さなトラブルを生んでいることもまた事実であろう。

日常の中の暴力は、このような「あいだ」の近さや狭さに起因するのではないか。生物として見れば、ひとは、一定の距離、いわばパーソナル・スペースのようなものがなければ、安心できない。一定の間合いがなければ息苦しい。接触は、極力避けたい。生物としての人間は、長い間、自然の習慣としてそのようにしてきたのだろう。いわば、身体の動物的知恵である。よく知られた事例であるが、それぞれの動物には、他の動物たちとの間に、自分にふさわしい生物学的空間がある。他の動物に襲われたとき、それが追いかける速度と自分が逃げる速度とを予測し、それに合わせて距離を取る。敵がぎりぎり安全な距離を超えて自分の圏内に入り込んできたとき、そこから全力で逃走する。距離と速度の計算を誤れば、自分の生命が危機にさらされることになる。動物の本能的知恵が試される場面である。

人と人との「あいだ」にも、このような距離が認められるはずである。私には私なりの「生」の距離がある。あなたにはあなたなりの「生」の距離があるはずである。それが侵されたとき、身体は原始的に反応する。私の場合はこうである。どうしても並ばなければならない場合がある。一定の距離を保ちつつ並ぶ。しかし、これが意外と難しい。背後にひとが立つ。間合いが徐々につまってくる。動物間の場合と同様に、各人は、自分なりに許容可能な「社会的空間」をもっているはずである。私のそれと後に並ぶひとのそれが一致すると問題はないのだが、いつもそうとは限らない。「もう少し離れてください」、それを口に出すのは難しい。「近すぎます」は、争いや喧嘩や騒動の原因になりかねない。こんな場合すらある。「もっとつめてください」、逆に現場の係員が行列に向かって呼びかける。結局、しぶしぶ応じるといったことになる。私の場合は、近さへの恐怖のなか、長い時間そうしていることには耐えられないので、列から離脱するはめになる。しかし、搭乗や入国の手続きなどのような場合には、離脱は困難である。

近さや狭さは、暴力性を懐胎しているように思われる。もしそうだとすると、暴力性の源泉としてのそれらは、日常の中の暴力を考えるにあたって、どうしても考えなければならない問題なのではないか。しかし、この近さや狭さの問題には別の側面がある。親愛の問題である。面白いことに、近いと狭いは両義性をもち、嫌悪感と親密性との間で揺れるのである。嫌悪の方に振れると暴力性を孕み、親密さの方に振れると愛の問題を孕む。いわば、近さや狭さを考えることは、愛と暴力の問題に触れることなのである。愛の問題に関して言えば、中原俊のすぐれた日活映画作品、『櫻の園』(一九九〇年)の中で、ある女子高生が別の女子高生に向かって言う「ねぇ、もっと近づこう」は、その好例かもしれない。チェーホフの「桜の園」を学園祭で上演するという設定のもと、ベンチに少し離れて一緒に座った女子高生同士のこの恋の誘惑の言葉は、一方の揺れる思いを一瞬のうちに掬い取ったすぐれたショットである。この場合、一見したところ、「ねぇ、もっと近づこう」は、性愛へと振れる親密さの言葉として暴力とは無縁であろう。しかし、本当にそうだろうか。近さや狭さは、親密性に振れるか暴力性に振れるか紙一重のところがあるのではないか。それは、どちらに「触れる」ことになるか解らないという「振れる」の両極性の問題であろう。エロティシズムは、死と暴力性を孕んでいるのである。

†

新聞の記事で名状し難い事件を知った。新聞報道で読んだものにすぎないので、ここでは事件そのものには深入りしないでおく。事件の概要は以下の通りである。何人かが海の堤防で釣りをしていた。そこを通り過ぎる中学生らしき二人組が釣り人に声をかける。「釣れますか」。当然、その声は背後から届く。いきなり声をかけられれば、瞬間的に振り向くことになる。そのとき、釣り人に予想外の事態が起こる。突然背中を押され、海に落ちたのである。落とされた釣り人は自力で突堤に戻り、命に別状はなかったという。何がどうなっているのか。一読して、私には、混乱と困惑と理解し難さが抜きがたく残った。もっとも、この種の事件で「理解」というのはどうかしているのだが、新聞記事の引用ではこうなる。「一九日朝、大阪府南部の突堤で二人組の少年に釣り人が相次いで海に突き落とされ、府警が殺人未遂事件として捜査している」[*2]。記事によれば、男性会社員と中学二年生の二人が突き落とされたとある。会社員の場合、二〇一六年九月一九日早朝、大阪府忠岡町新浜二丁目の突堤での出来事である。また、中学生の場合は、岸和田市木材町の突堤での出来事。

文字通り、名状し難い。いたずらなのか？ いたずらだろう。悪意なのか？ 悪意だろう。殺人の意図はあるのか？ 未必の故意を含めて、そうかもしれない。愉快犯だろうか？ そうかもしれない。誰が？ 少年二人組らしいが、解らない。今までこんなことあったのか？ あったのかもしれないし、なかったのかもしれない。私の記憶では、魚釣りという行為において、背後から声をかけての予期せぬ暴力ははじめてのように思われる。その他諸々、すべて考慮に入れて、言葉にならない。朝日新聞の記事の見出しの言葉、『「釣れますか」……海へ突き落とす？』が明確に物語っているように、「突き落とした」のかどうかさえ定かではない。この場合、行為の理由を求めて、出来事全体を再構成するといったことは可能だろうか。いや、そうした問いではなく、起こったことは起こったこととしてそのまま受け止めること、行為と行為との間やつながりを埋めたり辿ったりするのではなく、ただ受け止めることで出来事に向き合うことが必要なのかもしれない。犯行に関わった者たちが逮捕され理由を語ったとしても、この事件のような場合は、それで事の真相が明らかになったということにはならないのではないか。

後日、同じく新聞報道によれば、犯行グループは中学生四人とのことであった。「訳」らしいものも出てきた。落ちる瞬間、びっくりする顔、溺れる顔を見て、楽しもうと思ったとのことである。これは新聞の報道で知り得たことなので、真偽のほどは定かではない。報道とは別に、ここから私が受け取ったものは少し異なる。問題は、事件の理由らしきものではなく、その底にあるもの、われわれの社会の底で蠢いている、黒い笑いや悪意や暴力性である。一言で言えば、悪意や暴力や戦いに振れる「人心の乱れ」である。しかも、私はもう五〇年も前から、この種のことを知っていると言えば知っている。理由も訳もない、ありふれた日常の中の暴力性とある戦いの風景。しかし、それに触れる前に、もう少しこの事件にこだわりたい。

背後からいきなり近づき、背中を押すということはあり得るかもしれない。しかし、「釣れますか」と声をかけ、それから背中を押すといったことは予想や想像を超える。なぜか。声をかけるという行為といきなり背中を押すという暴力的行為とが、一連の動作として成り立つとはどうしても考えられないからである。しかも、それが日常の中でごく自然に普通に実行されたからである。釣り人は「釣れますか」と言われれば、とりわけ釣果がある場合には、それに反応し、何らかの動きを取るだろう。釣り人は、釣りへの興味や関心のゆえに、声をかけられたと思うだろう。言うまでもなく、釣り人は海を見ているのである。今まさに魚釣りをしているのである。このような状況にあって、声と暴力は結びつくだ

＊2　『朝日新聞』二〇一六年九月二〇日。

ろうか。いや、そう考えてはいけない。結びつくと考えなければならない。実際に結びついたのである。

この事件に関する私の困惑は、最初、声と暴力との結合にあった。暴力を予想させる声はめずらしくない。どなる、叫ぶ、わめく、すごむなど、要するに身体の威嚇的動作を伴う、暴力の前触れとしての脅しの言葉や暴言。しかし、一般に、釣り人に対する「釣れますか」というかけ声は暴力と直接結びつくわけではない。反対に、それは、ごくありふれた挨拶のようなものであろう。それゆえ、この言葉に対して、釣り人たちは、ある種の無警戒の中でごく普通の反応をするはずである。そこへいきなり予想外の出来事が襲いかかる。この不意打ちが恐ろしい。この事件の特異性はそこから出てくるのだが、もちろんそれだけではない。声は、他者の現前をもたらす。釣り人たちにいきなり襲いかかった、今回の不意打ちは、この他者の存在の確認と同時に起こっている。それは、決して、秘密裡の、沈黙の出来事ではない。事件の流れを言語化すると、声と他者の現前と不意打ちの暴力が一体化し、瞬間の恐怖がそのまま海への落下という自己の身体の統御不可能性の事態へと連続的につながっている。それゆえ、今回の事件の事件性を構成しているのは暴力的行為のよどみのない連続性なのである。これが恐ろしい。どんな仕方であれ、或る者が或る者に暴力を振るう。そのとき、どこかに隙間が生じるはずなのである。行為としてはためらいや躊躇やスキやズレなど、瞬間的なものであれ、そこに立ち止まりのようなものが介在するはずなのである。しかし、釣り人の落下に至るまで、そのような停滞は見られない。おかしな言い方になるが、きわめて滑らかに一連の暴力が行使された。私の衝撃の正体は、その点にある。ここには「戦い」すらない。停滞の消滅がそれを許さないのである。事件の不意打ち性が予め「戦い」の可能性を奪い取ってしまっているのである。

日常生活の中で、道行く人が、行き交う人が、いっさいの予兆もなしに不意に暴力を振るってくるという恐怖をどのように考えるべきか。人と人との間には距離があって、その隔たりを縮めてくる者がいる。この場合は、暴力は予感や予兆となって、現われてくるだろう。しかし、距離すらなく、したがって隔たりを縮めるとか縮めないとかすらなく、不意打ち的に私と他者との接触がある。しかも、その他者が「ならず者」であったとしたら……。それこそ、私が新聞記事から読み取った、暴力を生み出す根源的場所である。では、この場所で暴力の発現を許さないものとは何か。倫理や道徳であろうか。それらに暴力を押さえ込む力はあるだろうか。そうではなく、その力とはむしろ日常の習慣なのではないか。人心の行方なのではないか。非暴力や非戦いへと人々を向かわせる人心のあり方なのでないか。しかし、逆に、その人心のあり方を戦いや暴力へと煽る人々がいるとしたら、そのときわれわれはどこへ向かうのだろうか。私が「人心の行方」にこだわる所以である。

†

繰り返しになるが、悪は私の内にも外にもある。同様に、暴力や戦いも私の内にも外にもある。この内と外との暴力や戦いを同時に取り上げる方法はないだろうか。しかも、それを日常の中のそれとして取り上げるとどうなるだろうか。興味深い、お手本がある。カフカの『ある戦いの記録』である。それは、戦争の予兆の中で書かれ、いくつかの草稿とノートという形で残された。カフカの用語では「戦い」ということになるが、私の言い方では、内と外の暴力性の話である。なぜ、この作品が参考になるのか。カフカが内と外の暴力性の問題を自分と自分との戦いという仕方で記述しているからである。しかしながら、二人の人物の深夜の散歩から始まる、この作品は、決して解りやすい物語ではない。むしろ難解である。しかし、この作品をうまく解読することで、われわれは内と外の暴力の奇妙なねじれた関係を日常生活の一場面として具体的に示すことができるのではないだろうか。

『ある戦いの記録』は、長年私を魅了してきた。いくつかの翻訳で読んだせいか、記憶されたタイトルは「或る戦いの風景」である。この物語は、暴力が暴力として露出してくる手前の暴力性を孕む、あるいは暴力の予兆や予感のようなものを感じさせる類い稀な作品である。いわば、それは、私が暴力や戦いを考えるにあたって、その原風景となっている。それはまた、大きな戦いの手前にある、秘密の戦い、原初の戦いの記録である。ただ注意しなければならないのは、この作品は、読みようによっては、暴力を暴力として現出させないための「戦い」であるという点である。というのも、この作品のどこにも暴力や戦いの顕在化はないからである。ここでは、この中の前半部分、パーティでたまたま知り合った男と「わたし」との、或る寒い夜の、奇妙な散歩ならぬ街歩きの部分だけを取り上げる。これらの部分には、私を魅了してやまない二つの場面が出てくるからである。一つは、並んで歩いているときに取る「わたし」の奇妙な動作、すなわち、一方の背の高さからくる、背を縮めるという配慮ならぬ配慮がもたらす気まずさと滑稽さが醸し出す、ある戦いの予兆。もう一つは、やはり街歩きの最中に、男が突然ナイフを取り出す場面、すなわち、直接的な暴力性の露出がもたらす、顕在的な戦いの予感。この個所は、緊張とばかばかしさが入り混じり、むしろ戦いの困難が記されている場面なのだが、カフカ独自の「戦い」を最も感じさせるシーンでもある。

「戦い」は、以下のように始まる。一九〇九年から一〇年頃に書かれたと思われる、全集版のB稿に従うと、書き出しの文章はこうである。「十二時ごろ、そろそろ何人かが腰を上げた。たがいにお辞儀をし、握手をして、いい夜だったなどと言いかわしてから、大きなドアを抜けて控えの間に入り、服をととのえた。女主人は部屋のまん中に立ち、せわしなく挨拶をしていた。そのたびにドレスのひだが大きくゆれた」[*3]。パーティの終わりが近づき、客が一人また一人と帰ってゆく。それを見送る女主人の様子が描かれている。何の変哲もない描写であり、ここには暴力の匂いも戦いの予兆もない。そんななか、「わたし」は小さなテーブルで酒をのんでいる。ここで、この作品の相手役の男がいきなり現われる。「このとき、この夜に知り合ったばかりの男が隣の部屋の戸口からヨロヨロと抜け出てきたのに気がついた。身なりも動作もとり乱している。わたしは目をそらすつもりだった。かかわりがないからだ。と

*3 フランツ・カフカ「ある戦いの記録」『カフカ小説全集』第五巻(池内紀訳)所収、白水社、二〇〇一年、一〇〇頁。

ころが彼は近づいてきて、少しぼんやりとこちらの暇つぶしをながめていた。それから声をかけてきた」[*4]。物語は、この知り合ったばかりの「知人」と「わたし」がパーティ会場の外に出たところから動き出す。この男の話はたわいもないもので、「わたし」の迷惑顔をよそに、ひとりごとを始める。「アンナちゃんとキスをした、口と肩に」、「キスをしたんです!」、酔っぱらいがそう叫んだらどうなるか。傍目を気にした「わたし」は立ち上がって、言葉巧みに男を冬のラウレンツィ山に誘い、外へと連れ出す。冬の山歩きも、雪のちらつく真夜中の散歩もあり得ないのだが、二人は出かける。こうして、散歩でも遠足でもない、二人だけの奇妙な街歩きが始まった。「通りはひとけなく、一定の間隔をおいて明かりがともっていた。ほんの少し雲があるだけで、ひろく空がひらけ、大きな月が出ていた。うっすらと雪があり、足元がすべる。だから小幅で進まなくてはならなかった」[*5]。

しかし、一見したところ、酔いにまかせて冬の街路を歩く二人の間には戯れや混乱はあるものの、不思議なことに、戦いも暴力もその痕跡さえもない。にもかかわらず、カフカはこの物語のタイトルを「ある戦いの記録」と呼んでいる。タイトルのない草稿やノートが少なくない彼の文章にしては、この標題は明確な意図があってのものと思われる。なぜ『ある戦いの記録』なのか。そこにどんな「戦い」があるというのだろうか。しかし、いわゆる戦いらしきものはどこにも見当たらない。わずかに、最後の章「Ⅳ」において、家の前にころがる死体の話のなかに「戦争」という語が、またそのもっと後で「戦闘機械」という語が出てくるだけである。例えば、次のように。「しばしば通りで人が倒れ、死んだまま横たわっている。すると商店の人たちが商品をぶら下げたドアをあけ、そろそろと寄っていき、とある家へ死体を運びこむ。出てくると、目や口元に笑いを浮かべて、おしゃべりをする。《こんにちわ――上天気だね――スカーフがよく売れますよ――そう、戦争だ》わたしは家にとびこんで、指を曲げ、その手をおそるおそる持ち上げてから、やっと管理人の小窓をたたきますね。《ねぇ、そうでしょう》と、にこやかに声をかけます。《死人がここに運ばれた。お願いです、死人を見せてください》相手が曖昧に首を振ると、わたしは断乎として言いますよ、《キミ、こちらは秘密警察だ。直ちに死者を見せろ》《死者ですって》こんどは相手がたずねますね、気を悪くしたみたいです、《とんでもない、死者などいない。ちゃんとした家ですからね》わたしは挨拶して立ち去るのです」[*6]。

そうであれば、なぜカフカは「ある戦いの記録」というタイトルに固執したのだろうか。ちなみに、私が今例として引いた個所は、生前カフカ自身が草稿の「Ⅳ」の部分を独立させ、「祈る人との対話」という標題で雑誌に発表したものの一部である。答えのヒントは、「知り合ったばかりの知人」と「わたし」との奇妙な街歩きにある。二人は冬の寒い夜、黙りこくってただ歩いている。「知人」はうなだれ元気がない。「わたし」は不満である。この奇妙な散歩は彼のためであって、自分の望みではない。

＊4　同書。
＊5　同書、一〇二頁。
＊6　同書、一三二頁。

彼が恥をかかないで済むように、外へ誘い出すことで救ってやったのである。二人は並んで歩いているのだが、「知人」は常に遅れがちである。そのうち、「わたし」はこう考えるようになった。「わが知人はあいかわらずうしろを歩いている。自分が遅れたと気づき、なるほど、足は速めた。いぜんとして口をきかない。息が切れているのではなかった。そこでわたしは考えた。わき道にそれこむほうがいいのではあるまいか。散歩をともにする義務などないからだ。ひとりで帰っていいのだ。誰も阻めない。わが知人が分かれ道を、それと知らず通り過ぎるのが目に見えるようだ」[*7]。しかし、「わたし」は「またもや足をとめ、月光に照らされた建物の壁に寄りかかって」、「わが知人」を待つことにする。「知人」はあわてて「わたし」に突進してきた。追いついたからといって、何があるというわけでもない。たわいもない話が続く。「わたし」はしびれを切らし、引き返すことを提案し、お別れの手を差し出す。ところが、奇妙なやり取りの後、今度は彼の方から歩き出す。面白いことに、「わたし」はと言えば、一向に引き返す様子はない。むしろ、自分の方から彼について行っているように見える。というのも、「わたし」は「わたし」で、「わが知人」のアンナちゃんとのキスがよほど気になるらしく、思いは千々に乱れているらしい。これはこれで面白いのだが、ちぐはぐな会話が続き、今度こそ、「わたし」は「いまや、おさらばしなくてはならぬ。どうあっても、おさらばだ」と決意する。しかし、やはり、別れはやって来ない。それにしても、そもそもなぜ、二人は引き返すことも別れることもせずに、真夜中の冬空のもと、散歩ならぬ散歩を続けているのだろうか。

ここで一つの疑問が浮かぶ。ひょっとすると、二人は離れられないのではないか。二人とも自由を奪われ、自分の意志を失っているのではないか。「わたし」と「わが知人」の自由からの逃走と、滑稽な共棲と協力関係。カフカの作品には、どうして、なぜ、何のためになど、理屈や論理や秩序を統べる、いわゆる「理性」の普遍的審級などない。ここで、「わたし」はいきなり「考えられない」行動に出る。これが「背をかがめる」という行動である。「少なくともほんのしばらく、わが知人のそばにとどまっているための方策を思案して、ふと思いついた。もしかすると、わたしの背高ノッポが彼には不快であるまいか。並んで立つと、彼はなおさらチビに見える。わたしはいたたまれなくなった――とっくに夜ふけであって、ほとんど誰とも出くわさなかったが――わたしは両手が膝にふれるほど背をかがめた」。[*8] 背丈が彼を不快にしている。カフカ自身も背高ノッポだったことを思えば、背をかがめるといった行為はそれほど奇異なふるまいではないのかもしれない。しかし、並んで歩く二人が実際にそうすることは馬鹿げたことには違いあるまい。背を丸くし、自分の身長をできるだけ小さくする。誰が見てもおかしいではないか。現に、男は「そんなに背中を丸めたりして、何のつもりです?」。それに対して、「わたし」はますます背を縮め、「このままがいい」と言って、地面に顔をすりつける。想像してほしい。二人は並んで歩いているのである。それゆえ、こうなる。普通に歩いている男は、地面に顔をすりつけて

＊7　同書、一〇四頁。
＊8　同書、一〇九頁。

歩いている男に向かって、「いっときますが、腹をたてますよ！　意味もなくグズついている！　バカはやめた、やめた！」。もっともな文句に、「わたし」の反応はない。口がきけないのである。しかし、姿勢の話の中で、「ある知人」の男が突然言った、水車場の塔の時計の時間、「一時十五分です」が次の戦いの引き金になる。

「わたし」は、「無理な姿勢による息づかいをととのえるために、しばらく口をあけていた」。二人は別れる準備ができている。にもかかわらず、別れはやって来ない。時計の時間は別れの促しなのか。ところが、この時間をめぐって、話は紛糾する。そして、ついに、「殺し」のときがくる。「いまや殺しの時がきた。わたしは彼のもとにとどまるだろう。ポケットのナイフを、彼はもう握っている。わたしに向けてくる。ことがいかに簡単か、彼が面くらうなんてことはあり得ないが、それだってどうしてわかろう、わたしは叫ばない。目の耐えるかぎり、じっと彼をみつめている」[*9]。以上のように、背中を丸めて背丈を相手に合わせた後は、ナイフによる「殺し」の惨劇の予感の場面が続く。警官が近くにいた。安心だろう、いやそうではない。警官は凍った地面でスケートの真似事に夢中で彼らにまるで関心がない。「わたし」は、これで終わりと自覚する。「刺されるがままになろうと、走って逃げようと」、これまでである。ところが、「わたし」は決断する。「逃げるが勝ちであって、それも至極簡単」。結局、「わたし」は逃げる。しかし、またまた紆余曲折があって、「わたし」は彼に向かって言う、「またいっしょになりました」。要するに、逃げられないのである。離れられないのである。二人はまた一緒になった。

この後、どうなるか、どうなったかは、ここでは触れない。

†

すべてではないが、これがカフカの『ある戦いの記録』である。既に何度か示唆したように、「わたし」と「知人の男」とは同一人物なのではないか。戦いとは、「わたし」ともう一人の「わたし」との戦いなのではないか。二人の人物のちぐはぐで奇妙なやり取りは、自分と自分との間のちぐはぐさと見れば、解らないでもないだろう。それゆえ、ここでは、暴力性は内から外へと漂流しているが、あるいは外から内へと還流しているが、事件は起こってはいないのである。予兆や予感のようなものは絶えずあるが、実際に「殺し」や「戦闘」があるわけではない。けれども、ここには、別の仕方での、日常の中の「戦い」があるのではないか。すなわち、暴力の現出としての戦いではなく、その手前の、暴力の暴力性としての、すなわち、生の困難としての、「戦い」がある。

では、この「戦い」を通して、カフカは何を描いたのか。歩くことそれ自体の困難、言葉を重ねることの不如意、真面目から戯れへの、戯れから真面目へのめまぐるしい転回、くんずほぐれつの葛藤と対立、不安定なもたれ合い、逃走と離脱の不可能性、二人一緒の自由からの逃走、反対感情の両立、近さ

＊9　同書、一一一頁。

の恐怖と遠さの不安、それらの単純でどこにでもある生の困難の数々を詳細に描いた。なるほど、困難は静かに続くが、それらは必死の「戦い」でもある。普通にただ人と歩くことが難しい。普通にただ人と話すことが難しい。普通にただ人を信頼することが難しい。普通にただ別れたり離れたりすることが難しい。これらの困難は、常に暴力性を孕んでいる。それゆえ、現実の戦いはすぐそばに迫っているのである。しかし、実際には、暴力や戦いの顕在化はどこにもない。あるのは、予兆や予感だけである。潜在的な暴力や戦いだけである。このような、日常の生の困難としての「戦い」は、どこから来るのか。それは、ジョージ・オーウェルが言うところの「ディーセンシィ（decency）」、すなわち真っ当さや当たり前さやまともさが壊れたからではないか。自明の世界や健全な常識の世界や至極当然の世界が崩壊したからではないか。生きていることの平穏無事、すなわち、退屈さや反復や何も起こらないことの安心感が何の価値ももたなくなってしまったからではないか。

相手がどんな人物なのか、いちいち確かめながら生きてゆくのは、まともな生活ではない。昨日を今日に、今日を明日に、明日を明後日につなげていくことの日々の困難を生きてゆくのは、何と骨の折れる事態であろう。その語の正しい意味での「自然」が失われた世界で生きることは何と疲れることであろう。しかし、われわれは今、人々は今、私は今、あなたは今、カフカが描いた世界にいるのではないだろうか。すなわち、日常の「生」の困難としての「ある戦い」の世界に。

カフカは、この戦いを、自分自身との戦いとして、当時の最新のメディアであった「無声映画」の一齣のように、言葉によって記録した。[*10] 経験の自明性を喪失した不如意な世界、関節と関節の結合が壊れ脱臼した世界、まともな「生」が見失われた世界、そこでは、訳の分からなさへの便乗が、不可解な出来事の連続と突然変異への密かな歓喜が、自分の影を失ったゾンビたちの跳梁跋扈が、この世のデタラメさを存分に謳歌する動物的知性が、現われては消えてゆく。カフカの作品を解読しながら私が実感したものとは、われわれが生きる現代の社会における、そのような名状し難い幼児的戯れやあまりにも素朴な前近代への退行そのものである。

しかし、このような事態が、人々の行き交う街の底で、コンビニの片隅で、ネット通販の液晶画面の傍らで、携帯電話を握りしめる手の中で、要するに、われわれの「社会」で現実に起こっているのだとすると、どういうことになるのだろうか。人々は、一体、どこへ行こうとしているのだろうか。「人心の行方」は、現代日本社会において、どうなっているのだろうか。これらの秘密を明らかにすることは至難の技であろう。しかし、にもかかわらず、だからこそ、カフカが第一次世界大戦に先駆けてそうしたように、われわれもまた「或る戦いの風景」を記録しなければならないだろう。

---

*10 カフカ自身、当時の無声映画をよく見ていた。ペーター＝アンドレ・アルト『カフカと映画』（瀬川裕司訳）、白水社、二〇一三年、参照。

三　対顔恐怖症と世界の外

ひとの目を見て話しなさい。話を聞くときは、ひとの目を見なさい。あるいは、私の顔を見なさい。ちゃんと顔を見て話しなさい。顔をそむけてはいけません。どこを見ているのですか。まともにひとの顔を見ないなんて、失礼ではないか。どこか後ろ暗いところがあるから、見ることができないのですよ。真っすぐにひとの顔を見ないのは、何かやましいことがあるからです。

これまで、こうした類いの言葉をどれほど言われてきたか。子どもの頃から、それこそ耳にたこができるほど言い聞かされてきた。「オレノメヲミロ、ワタシノカオヲミロ」、何ともおそろしい言葉である。「エホバの顔をさけて」どころではない。今はどうか。さすがに還暦をすぎた人間に、それを言うひとはいない。なぜ顔を見ないのかと言われても、私には或る理由があった。もっとも、私の理由などほとんど相手にされなかったが。「オマエ、フザケテイルノカ」。屁理屈を言うな。バカにしているのか。果ては、「ウソモタイガイニシロ」。

しかし、私は、ここで、皆さんに告白することにする。私は、対人恐怖症ならぬ対顔恐怖症なのです。対人恐怖症ならば、まだよかったのかもしれない。だが、対顔恐怖症ともなると、まず相手にされない。「ひとの顔をまともに見ることができない対顔恐怖症なのです」と言うと、相手は笑うか、怒るか、その場を立ち去るか、いきなり殴りかかってくるか、まあろくな目にあわない。そんな病気など聞いたことがない。いや、あるのです。現に私はそれで苦しんでいるのですから。

†

映画が好きだった。時間とお金があれば、いつでも映画館に逃げこんだ。小、中、高と映画を見続けた。映画監督になりたいと思って、映画日記をつけていた時期もある。映画はもちろん、映画館そのものも好きだった。消防法による規制以前は、館内は今よりずっと暗かった。紫煙という言葉がまだ生きていて、館内でタバコをすう大人がいて、独特の匂いに包まれ、煙が漂っていた。映写機の回る音もよかった。この暗がりが私には、唯一の逃げ場所、救いの場所だった。家から、学校から、世間から、世の中から、おおげさに言えば、社会や世界からそこに逃げこむことで、何とか生きてきた。ところで、映画といっても、私にも好き嫌いがある。私は、邦画ではなく洋画を好んだ。とりわけヨーロッパの映画の中の人々の顔に魅了された。美しい女優の顔はもちろん、彼女たち、彼らの顔、彫りの深い、凹凸のある顔、好きな顔、嫌いな顔を毎日のように見ているうちに、私の中にある変化が起こり始めた。エイジアンの顔が怖くなってきたのである。凹凸のない平面的な顔、決して影のできない顔、陰影など求めようもない顔、愁いはあるのだろうがそれもまたそこに決して現われてくることのない顔、言い出せばきりがないが、それらが並んでいる、笑っている、怒っている、歩いている、話している。私には恐怖以外の何ものでもなかった。その結果、私はひとの顔をまともに見ることができなくなった。もっとも、正確に言えば、エイジアンの顔を、なのだが。

失礼きわまりない話である。だいいちかく言うオマエもエイジアンではないか。そうです、私もそうなのですが、ただ一言いわせてもらえば、私の顔は影のできる顔なのです。凹凸もあり、ごつごつした陰影のある顔なのです。そう勝手に私は思い込んでいた。以来私は、まともにひとの顔を見ることのできない対顔恐怖症に取り憑かれることになる。まだ未成年の頃、母親に相談したことがある。そのとき、対顔恐怖症という言葉を初めて使った。またバカなことを言い出した私を見て、彼女は黙って笑っていた。「何でも習慣よ、慣れの問題です。恐れないで見ていれば、そのうち見慣れてきます。習慣の問題です」。「いや、そうでしょうか。習慣になり得ない恐怖もあるといいます。私の場合、習慣にはならないように思います」。こういうやり取りの後、彼女はまた静かに言った。「私はかつて山に葡萄を取りに行ったことがある。同じ集落の女たちと一緒に。山葡萄はあなたも食べたことがあるでしょう。あれは私が山に入って取ってきたものです。しかも、このあたりは野生のニホンザルの多い所です。一度、サルの集団に襲われたことがあります。一緒に行った女たちはみなサルにやられたが、私だけが無傷だったのです。なぜか。私の顔が一番サルに似ていたからです。私の自慢です。平面的な顔でよかったとつくづく思いました。あなたにもその血が流れています。あなたも十分平面的ですよ」。彼女はいい話でしょうと胸を張ったが、私には新しい悩みが増えたように思われた。少しだけ説明すると、青森県の下北半島は野生のニホンザルの北限である。言うまでもなく、サルは冬眠しない。しかし、下北の山々は雪に埋まる。だから、食べ物がなくなる。厳しい状況の中、彼らはギリギリのところで春を迎える。弱いサルは死んでゆく。それがかえってよかったのだろう。かくして、個体数の自然が守られることになる。

†

伏し目族という言い方をご存知だろうか。埴谷雄高によれば、武田泰淳や高橋和巳などがその代表格だという。視線はいつも下方にあり、決して上や平行にはならない。どこを見ているのか。上でも真っ直ぐでもなく下であり、外部ではなく内部なのである。自分の内面を見ているかのように、常に伏し目勝ちに、「下」を向いている。はにかみと伏し目と慎み。武田泰淳や高橋和巳の生前の写真を見れば、埴谷の言う「伏し目」がよく解る。今私の手元に、武田泰淳の『淫女と豪傑』（中公文庫）という中国小説集がある。瞑目した武田の顔の写真がある。これなどは完全に目をつぶっているが、私の中の武田のイメージはこれほど極端ではないにしても、常に伏し目勝ちに沈黙している姿が目に浮かぶ。要するに、外部よりも自己の内部に視線が向いているようなのである。高橋和巳についてもほとんど変わるところはない。彼らには、相手とともにいるのだが、常に自分を見つめている姿勢がある。

反対はもちろん直視型で、例えば三島由紀夫や開高健などを考えれば、想像がつくのではないか。「直視」という言い方ではっきりしているように、相手の目や顔をじっと見るタイプのひとがそれに当てはまる。実は私はこのタイプの人物が苦手なのだが、多くの場合、特に学校では、相手の目を見なさい、相手の顔を見なさい、と言われてきた記憶がある。見るのもイヤだが、見られるのもイヤ、直視となるとなおさらである。視線の交叉や、互いの顔を見つめ合うのは、親愛と暴力の両義性を含むからである。親愛のなかでも、エロス的なものがまじると事情は一変する。しかし、こうしたケースは多くはない。話すたびに、いちいち愛を感じるというのも奇妙な話だろう。暴力を含む場合は、ガンをとばすといったことをはじめとしていろいろあるが、力の衝突を思わせる、視線の交叉から睨み合いまで幅がある。多いか少ないかは別にして、睨み合いになり、先に目をそらすことが勝ち負けにつながると考えるひともいるだろう。動物同士の場合にはそうなる。もちろん、目を見て話しなさい、真っ直ぐに顔を見なさいという言い方は、直接暴力を想定したものではない。むしろ、他者への礼儀や敬意や配慮を考えてのものだろう。

「伏し目」と「直視」は、作品の質とも関係がある。外やひとを真っ直ぐ見つめるタイプの作品は、私にはあまり縁がない。直視と真っ直ぐには、陰影がない、屈託がない、夜の暗さがない、歪みがない、解らなさがない、謎がない、不気味なものがない、いやらしさがない、こう言い出すときりがないが、否定的なものや停滞感や屈折や歪みや闇がないのである。いやそうではないのかもしれない。それらはあるのかもしれないが、やっぱりないのである。どういうことか。まとめて言うと、それらはあるにはあるのだが、結局のところ、光や明るさや肯定や運動に回収される「影」や「ない」や「停止」でしかないということである。肯定の中の否定にすぎない。健康の中の不健康でしかない。光の中の闇でしかない。対顔恐怖症である私には、それが物足りないのである。否定そのものを、不健康そのものを、暗さそのものを見たい。むしろ、それらをまるごと肯定したい。それらをまるごと愛したい。その欲求が「下」への視線として現われているのではないか。武田泰淳のなかの「混沌」、高橋和巳のなかの「破滅」が彼らの伏し目となって現われているのではないか。

†

五感を閉じる。語の正しい意味における「神秘主義」。この考え方はもともと目を閉じる、耳を塞ぐなど、「閉じること」を旨とする。ミスティシズムとは閉じることなのである。では、感覚を閉じることによって、何をするのか。別のものを見ること、別のものに触れること、要するに、別の仕方に向かうことである。神秘主義によって、この世界は消滅し、この世界ではないもの、この世界とは異なるものや別のものへ向かうことになるだろう。そこに神的なものや信仰の問題をおけば、西洋の神秘主義になるだろう。

しかし、今は別のことについて話したい。「別の」は「別の」であるが、もっと日常性の次元にこだわりたいからである。私はそれを「世界の外」と言いたい。神的なものでも信仰に関わることでもなく、「世界の外」。要するに、「開く」のではなく、「閉じる」ことによって、世界の外へと向かうことである。しかし、この世界の外を内面の世界というと誤解を招く。内と外は一体であり、外は内に準拠しているからである。すなわち、例えば、知覚の経験が示しているように、一つの内面への準拠があって、外部世界が成り立っているからである。哲学の問題としてはきわめて重要な指摘であるが、二〇世紀を代表する哲学者のひとりであるレヴィナスが知覚と感覚とを区別した所以である。問題はあくまでも、内面性への、主観性への準拠によって成立する「知覚」ではなく、それとは区別される「感覚」、世界の外へとしての「感覚」なのである。もっと言えば、内と外との区別以前の「感覚」が問題なのである。レヴィナスの言い方では、「サンシビリテ」が問題なのである。

「エキゾチズム」という言葉がある。通常それは、異国趣味とか異国情緒などを表わす語として使われる。見知らぬ場所や異郷にあるときなど、街並や風景にそれを感じたりしたこともあるだろう。それは何も異国に限らず、「エキゾチック・ジャパン」という言葉があるように、そこここにあるだろう。しかし、面白いことに、この語を、レヴィナスは、それとは異なる意味において、正確には異なる次元において、使用する。もともとそれ（exotisme）は、日本語でも「異なる」という語が入っているように、「外（ex）」と関係がある。ギリシャ語の語源に従えば、「エキゾチズム」としての「異郷性」は外部性を表わしているのである。われわれがあるものをエキゾチックと感じるのは、それを「外部から」やって来たものと受け取るからである。あるいは、それがひとを「外部へ」と連れ出すからである。もちろん、ここで言う「外部」とは「世界の外」にほかならない。先に述べたように、この「外」は内と外の区別を超えたものである。簡単に言えば、内−外という回路は、内としての主観と外としての世界として一つの回路を作っているが、ここで言う「外」はこの回路からはずれたものであり、そこに決して入ることのない「外」なのである。その意味で、それは、「世界の外」なのである。それはまた、知覚から区別された感覚の問題である。[*1]

†

対顔恐怖症に戻ろう。結局のところ、ひとの目や顔を直視できないという私の恐怖は、私に対して、積極的な意味での、見ないことや閉じることという独自の経験をもたらすことになった。しかし、学校ではそれはネガティヴなものとされ、見ないことは常に不道徳なことや後ろ暗さや疚しさに結びつけられ、叱責の対象とされた。それでは私は、恐怖がもたらす「閉じる」ことによって、要するに、世界の外にあって、何を感じていたのか。レヴィナスは「世界なき実存」という言い方で、知覚から区別された感覚の世界を「エレメント」と呼び、この世界の外において「存在の物質性」の発見に向かう。それはまた「存在の不定形のうごめき」のそれである。「エキゾチズム」とは、レヴィナスにとっては、この世界の外に向かう手段なのである。彼は次のように言う。「私たちは世界と関係しているが、世界から身を引き離すこともできる」[*2]。哲学者たちにあって、このような世界からの離脱はさまざまな形態を取る。例えば、デカルトであれば、世界を徹底的に疑うということになり、フッサールであれば、還元やエポケーということになる。しかし、レヴィナスは思いもかけぬ仕方で、この世界からの離脱を「エキゾチズム」に見る。エキゾチズムは特別な経験ではない。それは誰ものがごく普通に経験する出来事である。ここに依拠してレヴィナスは世界からの離脱をはかる。それは多様な経験であるが、その中でも芸術は特に重要である。というのも、芸術の基本的機能は「対象そのものの代わりに、対象のイメージ」を与えることにあるからである。実はレヴィナスは、このようなイメージによる世界との間接的関係を「エキゾチズム」という語で呼んでいるのだが、先に触れたように、それがわれわれと対象とを世界の外へと連れ出すのである。レヴィナスの場合、それが主と客、内と外の区別をもたない、感覚的なもの美的なものへの、すなわち、「エレメントという非人称性」への還帰ということになる。もちろん、私の場合はそうではない。そうであれば、私もまた「世界なき実存」を語っていたかもしれない。

私の場合は、レヴィナスのように「存在の物質性」や「存在の不定形のうごめき」の手前、感覚的な

*1 エマニュエル・レヴィナス『実存から実存者へ』（西谷修訳）、講談社学術文庫、一九九六年、一〇四―一〇八頁、参照。
*2 同書、一〇四頁。

ものや美的なものの眩暈に翻弄されることになる。それらがレヴィナスの言う「世界の外」とか「裸のままの対象」とかとは解らないままに翻弄されていたにすぎないのだが、あるいは別の言い方をすれば哲学以前的にそれらを体験し生きていただけにすぎないのだが。クローズ・アップについてではあるが、レヴィナスが映画について語っているので、私もまた映画について触れよう。レヴィナスは次のように言う。「同じ効果を、映画ではクローズ・アップが果たしている。クローズ・アップが面白いのは、ただそれによって細部が見えるようになるからではない。行動は個別的なものを全体に組み込むが、クローズ・アップはその行動を停止して、個別的なものがそれだけで存在するようにさせ、個別的なものの特異で不条理な本性を発現させる。それをカメラが、しばしば思いがけない視野の中に発見するのだ。たとえば肩の曲がり具合が幻惑的な大きさで映し出されると、可視的な世界とそこでの正常なサイズの作用によってくらまされ覆い隠されていたものが裸になる」[*3]。われわれは通常、クローズ・アップと言えば、もっぱら対象の焦点化や拡大とみなし、見える世界の中で、明瞭ではないもの、見えないもの、隠されているものを露出させる手法と考えがちである。そうではない。それは、個別化は個別化なのだが、個別的なもののもつ「特異で不条理な本性」の発現であり、見える世界においては、常に隠されたものでしかない、「見えないもの」の裸の露出なのである。もちろん、この「覆い隠されていたもの」はもはや世界に帰属するものではない。それは、世界の外からやって来る。先にレヴィナスが「対象のイメージ」と呼んでいるものもこれにほかならない。われわれは絵画や彫刻などの芸術作品を通して、そしてまたすぐれた映画作品などを通して、世界の内から世界の外へと移行する。神秘主義が五感を開くのではなく、五感を閉じることによって、別のものへと「開かれて」いくように。あるいは、ハイデガーが芸術作品に触れて、開くものとしての「世界」と閉じるものとしての「大地」との闘争について語るように。

†

ヴァンパイアの話をしよう。吸血鬼はどこにいるのか。ジム・ジャームッシュの素敵な作品、京都では二〇一三年の終わりに公開された『オンリー・ラヴァーズ・レフト・アライヴ』は、はじめから終わりまで「世界の外」の物語である。公開初日、最終上映時間に合わせて、映画館に駆けつけた。観客が全部で六人。私たち家族三人を除けば、わずかに三人である。何しろ知らないひとが三人だけなのでがらんとしていて、一二月末だからか、異常に寒い。しかし、それがかえってよかったのだろう、私たちはこの映画の魅力に圧倒され、寒さを忘れた。映画の舞台は、アダムの住むデトロイトと、イヴのいるモロッコ北部のタンジールである。ジャームッシュはその近郊で生まれたとのことだが、デトロイトと言えば、かつての自動車産業の栄華の面影をわずかに残す、あのさびれた街、経済的に破綻した廃墟の

＊3　同書、一〇九―一一〇頁。

ような街、そこで、アダムはひっそりと暮らす。「ひっそり」は吸血鬼だから当然なのだが、そんな彼にとっての慰めは、タンジールに住むとても美しい、この世のものとは思えない（吸血鬼だから当然なのだが）恋人イヴである。アダムはもちろん血を必要とする。血がなければ生きていけない。しかし、人の生き血はもう吸えない。なぜか。とことん汚染されているからである。汚れた血はヴァンパイアたちを苦しめ、死に至らしめる。今や、彼らは、新鮮な、汚染されていない血を手に入れなければ、生きていけないのである。もはや、ひとの首にかじりつく、古典的な吸血鬼の映画のようなわけにはいかない。それでは、アダムとイヴは清潔な血をどこから手に入れるのか。言うまでもなく、アダムは何世紀も生き続ける吸血鬼である。彼には生き抜くための芸がある。卓越した音楽の才能がある。アダムは伝説的なカリスマミュージシャンなのである。曲を作り、それを売ることで血を手に入れる。どのようにしてか。実は、彼には、世界の内に住む一人の媒介者がいる。世界の外にいるアダムから作品を買い、それを世界の内の人々に売りさばく。それゆえ、この外と内をつなぐ男イアンは非常に重要な人物なのである。アダムもイヴも媒介なしには生きていくことはできない。もっとも、血液については、特別に高いお金を払って、ある病院から入手する。それは、格別においしい、輸血用の安全な血液でなければならない。

素敵なことに、アダムとイヴがスカイプを使って話している。タンジールからパリ経由の夜間便に乗って、イヴがデトロイトに来ることになった。この飛行機の予約のシーンが面白いのだが、あまり脱線できないので、がまんして先を急ぐ。吸血鬼は夜に活動するので、昼間の飛行機には乗れない。イヴはたくさんの本をつめ込む。何か国語も駆使し、読むのが異常に早く、次々に新しい本が必要になるからである。古代ギリシャ語の本、ラテン語の本、英独仏語の本をひたすら読む。それも、恐ろしいほどの早さで、指で文字を追いながらである。一冊でも多くの本を読みたいと思う私にとっては、羨ましい限りである。私もまたほとんど世界の外にいるが、残念ながらヴァンパイアではない。イヴは元気のないアダムを励ますためにデトロイトに来たのである。ふたりは愛を交わし、話し、眠る。何を話すのか。ゾンビと呼ばれる人間のばかばかしさについて、その歴史の愚かしさについて。ふたりの会話の場面で忘れ難いシーンがある。イヴが悲観的で厭世的なアダムを励ますシーンである。血を飲むといっても、いつもそれだけでは飽きてしまう。そこで彼女は、冷蔵庫で血を凍らせて、シャーベットを作る。「私たちは、これまで多くの困難を、ペストだってフランス革命だって乗り越えてきたじゃない。これでも食べて元気を出して」。私の中にずっと記憶されてきたイヴのもっとも美しい言葉である。イヴが生き血を小さなワイングラスで飲むシーンも素敵だが、シャーベットを冷凍庫から取り出し、ふたりでなめる場面も格別である。いいですね、世界の外で、ふたりが静かにひっそり隠棲して、血を飲み、時に赤いシャーベットをなめながら生きている。それにしても、彼らは何をしているのか。

普通に生きている。アダムとイヴにとっては、ゾンビである人間の暮らしは一時的なものでしかない。永遠の生ではない。人々は生きて死んでいく。彼らはそれをじっと見ている。人々の作ったものや行なったことは消え去り、やがてなくなる。そんな人々の生存の仕方や生の歴史を見ている。人間たちの愚かな行為のかずかずを、とことん功利性にまみれたゾンビたちの振る舞いを、見つめている。アダムがイヴのために、デトロイトの街を自動車で案内する場面がある。もちろん、夜のデトロイト。廃れ、壊れつつある街、廃墟と化したデトロイトの夜の街並。それを美しいと思うかどうかは別問題であろうが、ジャームッシュの撮るデトロイトの夜は限りなく美しい。滅びる一歩手前の美しさが、太宰治の言う美しさが、そこにある。あるいは、坂口安吾が言う、廃墟の美しさが、そこにある。例えば、私には子どもの頃に小林旭の自動車唱歌ではじめて知った、もちろん実物は見たことはない、あの米国車「パッカード」の工場跡の廃墟、ジャック・ホワイトの生家、ミシガン劇場の跡地。アダムの言葉、この劇場は「一九二〇年代に莫大な金をかけて建てられた。四〇〇〇人を収容し、ここでコンサートや映画の上映も行なわれた。それがいまや駐車場だ[*4]」。今の話をすると、ミシガンという語の響きは、二〇一六年の米国の大統領選の際に、人々の耳を捉えた。最後まで選挙人が決まらなかった、あの州の名前である。「錆びついた」と言われても私には解らない。しかし、今から五年も前に、私は、この映画の中で、デトロイト市の破綻の一端を、壊れ方を、人心の乱れをすでに見ていたのである。

†

私がこの映画に深く魅了されたのは、「世界の外」が描かれていたからである。アダムとイヴをはじめ、吸血鬼たちが、ゾンビたる人間のかずかずの歴史的愚行を乗り越え、時空を超えて交信し永遠の生を生きてきたにもかかわらず、今や瀕死の状態にあることが描かれていたからである。ふたりをデトロイトからタンジールへと向かわせることになる、イヴの妹が犯した愚かな行為、媒介者の男性を誘惑し、彼の生き血を吸ってしまうという愚行がそのことを表現してあまりある。この彼の死について、イヴが発した言葉、「なんてことを！　今は二一世紀なのよ」。人間の血は、もはやヴァンパイアが吸えないほど汚れている。それが二一世紀なのである。アダムが心から敬愛する作家、シェイクスピアの同時代者マーロウもまた人間の汚れた血を飲んで死んでゆく。映画のパンフレットはこんな言葉で締めくくられている。「血の入手手段を失い、街角で衰弱していくアダムとイヴ。もはや、この世では高潔な吸血鬼たちは滅びるしかないのだろうか？」[*5]。あるいはまた、朝日新聞の紹介記事を書く、柳下毅一郎もまた次のような言葉を残している。「ユーモアと文学的香気にあふれるヴァンパイア映画にはこれまで以上に死の香りがたちこめている。ジャームッシュは映画そのものの死を見つめ、愛し慈しんできた映画への挽歌を奏でているようだ。甘美な死の歌の中、ティルダ・スウィントンただ一人どこまでも若々しい」[*6]。

＊4　太田圭二『Only Lovers Left Alive（オンリー・ラヴァーズ・レフト・アライヴ）』東宝㈱映像事業部、二〇一三年一二月二〇日、三頁。
＊5　同書。

ティルダ・スウィントン演じる「イヴ」が若々しいのに異論はない。彼女の美しさはこの映画を特別なものにしている。私が知っている美しさの中でも際立っている。しかし、この映画は本当に挽歌なのだろうか。最後に血を求めて人間を襲う、アダムとイヴには軽さとユーモアが漂っていたではないか。ベンチで愛をささやく恋人に近づき、首元に吸いつくふたりの態度は、二一世紀はもちろん、これからも生き延びていくであろうしたたかさを感じさせるのに十分である。なるほど、レヴィナスが言うように、世界は途方もない発展を遂げたテクノロジーによって支配され、「実用の歯車」のもとで動いていくだろう。また、「実用の歯車」ならぬ、技術の本質に向けられた、ハイデガーの「ゲ・シュテル（Ge-Stell）」という概念によっても、明るいとは言い難い未来を思い描くこともできるだろう。先頃新聞紙上で、軽い驚きとともに眼にした、大黒岳彦の著作、『情報社会の〈哲学〉――グーグル・ビッグデータ・人工知能――』に関する書評において、評者武田徹がこのハイデガーの言葉に触れながら、次のように語るように。「たとえば、近代科学技術に『役に立つ』ことを自己組織化してゆく『配備＝集立』プログラムがセットされていると考えたハイデガーの予想は的中しつつある。グーグルは人間活動の全てを機械可読データ化しようとし、ＳＮＳは個人の行動を断片的データとしてネット上に流通させる。ＡＩを仕込んだビッグデータ解析技術が氾濫するデータの再組織化を進め、その成果が社会を動かす。こうした再帰的・自動的な情報社会に、人間を主体とするデカルト的近代哲学の出番はない」[*7]。しかし、それでもなお、アダムもイヴも「世界の外」で何とか生き延びていくであろう。武田は「デカルト的近代哲学の出番はない」と言うが、本当だろうか。デカルトをはじめとして哲学者たちもやはり「世界の外」で何とか生き延びていくのではないだろうか。なぜなら、哲学者たちの本来の居場所は、アダムとイヴと同様に、「世界の外」だからである。

†

或る日、愛する真子が元気のない私に向かってこう言った。「あなたはこれまでペストも産業革命もフランス革命も二度の世界大戦も乗り越えてきたじゃない。同じように、現代のテクノロジーだって、たいしたことないじゃない」。ジャームッシュの映画の影響は、私以上に彼女に深く及んでいたのかもしれない。残念ながら、私は吸血鬼ではない。ペストも産業革命もフランス革命も、そして二度の世界大戦も生きてはいない。少しだけ哲学を学び、デカルトに憧れ、現代のテクノロジーに触れているにすぎない。しかし、アダムとイヴと同様に、私も「世界の外」にいると思っている。そして、哲学を学んでいる者たちもそこにいるということである。この時代を一緒に生き延びましょう。

＊6　柳下毅一郎「オンリー・ラヴァーズ・レフト・アライヴ」『朝日新聞』夕刊、二〇一三年一二月二〇日。
＊7　武田徹「ＡＩに抜かれる前に必要な検証」『朝日新聞』朝刊、二〇一六年一〇月一六日。

四　新聞の中の思考、あるいは影の話

――イセエビ、アオリイカ、村上春樹、シャミッソー、ゾンビの群れ――

　習慣が変わる、習慣を変える、それらに要する時間はどれほどか。例えば、新聞記事をネットで読む。見るだけであれば、ネットでもできる。しかし、読むとなると、私にはできかねる。読むことは見ることではない。読むことには、大げさに言えば、全身の操作が伴う。見ただけでは頭に入らない。もちろん、記憶されない事柄でも、忘れていたことに気づくといったことはあるにはある。しかし、それはただ単にそれだけのことに過ぎない。だから、新聞を読むという習慣は当分変わらないだろう。私の場合、新聞を読むことは日常の思考の習慣をつくる上で、特別な意味をもつ。

　夕刊で連載中の「関西食百景」（大阪版）をご存知だろうか。魚や野菜など食欲をそそられるものを取り上げ、写真と文章で紹介する記事である。なかなか面白い。ときに、気に入ったものを切り抜き、それをノートに貼りつけることもある。新聞のカラー写真には独特のよさがある。また、記者の文章には忘れ難いものもある。といっても、私は食通ではない。しかし、「食百景」の紹介記事に強くひかれた。

何が面白かったのか。影の話である。

†

新聞を読むことは、私にとってはフィールドワークの一種である。生活のほとんどを大学と家の往復で過ごす身では、およそ外でのそれは考えられない。家で本を読み、研究室で仕事の準備をする。あとは、たまに、映画館に出かけたり、百貨店をめぐったり、本屋に行ったりなど。今では散歩もしない。要するに、特別なことなど何もないという生活である。

哲学とフィールドワークの組み合わせは、あまり聞いたことがないのではないか。しかし、そんな私でもフィールドワークをする。ただし、それは文化人類学者や社会学者のするようなフィールドワークではない。新聞の記事の言葉や論説や事件や出来事の報道やデータ等を使って、頭の中でいろいろ操作を加える。感覚や想像に悟性を駆使して、私たちの「今」「現在」を瞬時に掬い取るという試み。それが私にとっての、新聞を通じての毎日の習慣である。うまく掴めないときは、切り取り保存し、時間をあけて再度操作を加える。新聞は一社に限らないが、多過ぎてもいけない。操作が何時間にも及ぶことがあるからである。時間をかけずに、現在をいかに切り取るか。新聞における「瞬間の中の思考」、それを忘れないで鮮度を保ち繰り返し思い出すこと、それが「世の中」についての私のフィールドワークである。新聞がなければ、不可能であろう。

それゆえ、毎朝必ず新聞を読む。旅行中でも、入院時でも変わらない。ホテルでも病院でも配達してもらえるからである。時間をかけてくまなく読み、赤鉛筆でしるしをつける。もう一度読むか、切り抜くか、ノートに書き写すかするためである。長年の習慣で、私の関心の行きつく先はほぼ決まっている。しかし、これではいけない。いつも同じところにばかり目を向けていても、同じことの反復があるのみである。それを補うために、自我の分裂や人格の多重化や他人の目が必要になる。私の場合は、愛する真子の視点が特に役に立つ。彼女の新聞の感想を聞いて、改めて読み直すことも少なくない。

或る日、不意打ちを食らった。新聞の記事で、とんでもない文章に出会ったからである。通常、こんなことは考えられないのだが、イセエビを急に食べたくなったら、あなたならどうするか。言うまでもなく、新鮮なイセエビを食べるのはとても難しい。申し訳ないが、死んだイセエビはイセエビではない。どうしても、生きたイセエビでなければならない。そこで知り合いの一人の漁師さんに頼み込んでみた。「とれたてのイセエビを食べたいのですが」。はたして漁師さんの反応はどうか。

先に触れた関西百景「淡路島のイセエビ　締まる身、海底の鎧武者」の記事。「少し欠けた月が、雲の切れ間に顔をのぞかせた」、或る夜の出来事である。海の底で何が起こっているのか。「『ようないな、あいつら自分の影を嫌うから、月夜には岩穴から出歩かんって昔から言うんや』。漁船に乗りこんだ西浜要《かなめ》さん（八二）が、少し浮かない表情で白み始めた空を見上げる」*1。不意打ちは、「あいつら自分の影を嫌う」という言葉にあった。何ですって、イセエビが自分の影を嫌う？　だから月夜には岩穴から出てこない？　イセエビと影、これは考えたこともない組み合わせである。何よりも面白いのは、あのイセエビが岩陰で自分の影に怯えてじっと身を潜めているといった情景である。月明かりの夜の海の底で、ごついイセエビがひっそりと恐怖にふるえている様子を思い浮かべると何とも可愛らしい。

自分の影を嫌う動物なら、私にもいくらか知識がある。例えば、アランが『幸福論』（一九二五年）の最初で紹介している「名馬ブケファラス」がそうである。この文章の意図は、起こっている事態の理解には真の原因の探求が不可欠であることを説く点にある。アランの言い方では、幸福を考えるとき、何よりも大切なのは結果の原因であるところの「ピン」を見つけることなのである。それでは、「ブケファラス」にとって「ピン」とは何か。マケドニア王アレクサンドロス三世がまだ若い頃、名馬ブケファラスを贈られた。ところが、この馬は名人と言われているひとでも手なずけることが難しいほどの荒馬であった。凡庸な者であれば、扱うことを断念するほどの癖馬である。さて、アレクサンドロスの場合はどうであったか。アランは次のように言う。「ところが、アレクサンドロスはピンをさがし、たちまち見つけた。ブケファラスは自分の影にひどく怯えているのがわかった。恐怖で飛び上がると影も跳ねるので際限がないのだ。アレクサンドロスは馬の鼻を太陽に向けた。この方向で支えると、馬は落ち着き疲れを示した。こうして、このアレストテレスの教え子はすでに、ほんとうの原因を知らないかぎり、情念を癒すことができないのを知っていた[*2]」。

馬は自分の影に怯える。イセエビもまた自分の影を恐れる。馬であればそれほどの驚きはないだろう。

しかし、イセエビとなると、私には想像もつかない。あの姿形で、月夜に岩穴でじっと動かない。それゆえ、月の光が届くところでは、漁をするのはきわめて難しい。新聞の記事に戻ると、イセエビは夜行性の甲殻類で、よく知られているように、その味は絶品である。海底を歩き回り、ウニや貝を食べているのだから、当然といえば当然か。ところが、死ぬと味が急速に落ちる。「体内酵素による自己消化」により、たちまち鮮度が落ちてしまうからだという。また、けっこう獰猛で、弱った魚を捕まえて食べたり、時には共食いもするという。だからか、よけいに自分の影に怯えるイセエビが可愛らしい。馬には気の毒だが、イセエビの影の方が格段に面白い。ところで、この夜の漁は結局、息子さんの言うように、月の光の届かない深いところ、水深約二〇メートルのところから刺し網を引き上げ、「エビがきたで」となった。鳴門海峡に近い淡路島の阿万港での話である。月夜の心配は杞憂に終わったが、私にはイセエビの影がいつまでも忘れ難いものとして残った。

†

その後も「関西食百景」は続き、何度か切り抜きなどをしながら読んでいたが、またまた不意打ちを食らうような記事に出会った。今度はアオリイカである。「イカの王様」とも言われるアオリイカは、

＊1　「関西食百景　一一二」『朝日新聞』夕刊、二〇一六年一〇月一五日。
＊2　アラン「名馬ブケファラス」『幸福論』（神谷幹夫訳）所収、岩波文庫、二〇一六年、九頁。

イセエビとは反対に、「月夜を好む」[*3]。それゆえ、漁は、当然、月の光を考えて行なわれる。今度は「適度に光が入るように網の汚れをこまめに」取り除かなければならない。「イカした姿に急成長中」の記事によれば、アオリイカは四月から七月にかけて孵化し、一一月頃から急速に大きくなるという。徳島県牟岐町沖の太平洋での話である。面白いのは、月の夜に、水揚げされるアオリイカの変身ぶりである。直後は「茶色や白、瑠璃色っぽさが交じって、つやっぽい」が、それが生け絞めされると一変するとのこと。その変化を辿ると、「赤黒く見えるのは、イカが興奮している証拠」だが、「漁協職員が木づちでイカの脳天に一撃を加えると、一瞬できれいな透明になった。絶命し、表皮の色素細胞が収縮するからだ。最後は筋肉細胞が死んで大根のように白くなる」[*4]。

ただし、絞め方は漁協ごとに異なるとのこと。こうして私たちは、あの透明な白いアオリイカの姿をアオリイカとして認識して、口に運ぶことになる。アオリイカの魅力はこれに尽きない。このイカは海水の温度や塩分、波など環境や気候の変化に敏感なので、地球温暖化など環境異変を研究するには格好の生き物とのことである。「内臓が見えるほど美しい透明感に感動し、魅せられた」上田さんは、アオリイカの研究を三〇年近くも続けているが、「地球温暖化による水温上昇によって分布や漁獲量が変わる可能性があるといい、『今後もイカを守るために環境の変化を追いかけたい』と語る」[*5]。

イセエビとアオリイカ、月夜の攻防は好対照である。どちらも捨て難いが、食通ではない私からは、自分の影に怯えるイセエビに肩入れしたい。月の光を避けて岩陰に潜むイセエビは、何とも魅力がある。

月の光を好み、網にかかるアオリイカは何とも気の毒である。二つを分けるものは習性であるが、私もまた自分の影に怯えるものとして、影の問題についてこだわってみたい。

†

やはり新聞の記事からであるが、今度は、地上の話、村上春樹と影の組み合わせである。最初に断っておくが、私はこの作家の良き読者ではない。これまでまともに読んだことがない。しかし、デンマークでの講演で次のように語る村上春樹には驚かされた。「小説を書いていると、暗いトンネルの中で、思ってもみなかった自分の姿、つまり影と出会う。逃げずにその影を描かなければいけない。自分自身の一部として受け入れなければいけないのです[*6]」。また、別の記事ではこうも言う。「人間一人一人に影があるように、あらゆる社会や国家にも影がある。明るくまぶしい面があれば、それに釣り合う暗い側面があるのです[*7]」。重要なので、もう一つ引こう。「私たちは時に、影の部分から目を背けようとします。あるいは無理やり排除してしまおうとします。でもどんなに高い壁をつくって外から来る人を締め

＊3　「関西食百景　一一九」『朝日新聞』夕刊、二〇一六年一二月三日。
＊4　同上。
＊5　同上。
＊6　「村上春樹さんデンマークで語る　下」『朝日新聞』朝刊、二〇一六年一一月二二日。
＊7　「村上春樹さん『自らの影と共に生きる道を』」『朝日新聞』夕刊、二〇一六年一〇月三一日。

出そうとしても、どんなに厳しく部外者を排除しようとしても、あるいはどれだけ歴史を都合のいいように書き直したとしても、結局は自分自身が傷つくことになる。自らの影、負の部分と共に生きていく道を、辛抱強く探っていかなければいけないのです[*8]」。

これらの言葉は、新聞では別々に掲載されているが、「ハンス・クリスチャン・アンデルセン文学賞」の授賞式での講演のものである。「自らの影　受け入れなければ」の記事の書き手、柏崎歓によれば、この講演で最初に村上はアンデルセンの書いた「影」という作品に触れている。こんな話。『影』の主人公は若い学者。いつも足元にいた自分の影が、ふとしたことからいなくなる。数年後に舞い戻ってきた影は、自分が主人に、学者が影になると告げ、やがて学者を過酷な運命が待ち受ける――」。村上は、童話作家として知られているアンデルセンが「こんなに暗くて絶望的な物語」を書いていたことに驚いたという。また、「自分自身の影」や「目を背けたい側面と向き合うこと」は簡単ではなかったはずだという。しかし、言うまでもなく、この試みは村上自身のものでもある。自分の影を自分の負の部分や見たくない部分とみなし、それと共に生きていくという考え方は、これはこれで面白いのだが、イセエビとアオリイカの話と比べて、何かが足りないようにも見える。ここからは、こう言ってよければ、イセエビの「微笑」やアオリイカの「嘆き」が伝わってこないからである。この点については後にまた触れる。今は、もう少し、村上の影の話を続ける。

村上の言葉においては、影の部分と負の部分とが重なるが、出版されたばかりの『騎士団長殺し』をめぐる最近のインタヴューでも、この姿勢は一貫している。世界のあちこちで見られる「異物の排除」に触れ、「社会の影の部分を何でも排除しようという流れ」への恐れを語っている。[*9] 暗さや影の部分の排除への抵抗は、村上の場合、政治的な言説ではなく、「物語」という形を取る。彼は言う、「物語は即効性を持たないけれども、時間を味方にして必ず人に力を与えると、僕は信じている」、と。あえて言うが、「影を排除すれば世の中よくなる」という「悪い」物語がわれわれの世界や人心の行方を決めかねないような状況において、それでも村上の自分の作る「物語」の力を信じているという言葉は決して軽くはない。ここには、物語と物語とのヘゲモニーの争いが見られるので、「物語」という言葉には留保も必要であるが、そうであれば、なおさら、今こそ、村上の作品を読まなければならないのではないか。これまで彼の作品の良き読者でなかった私が言うのも妙だが、個人の心の病や傷から社会の傷や影へ、そして国家の傷や影へという村上の転生にはこころ魅かれるものがある。しかし、村上の影の話はここまで。陰ではなく、影。今私たちの問題はやはり影である。

「何かが足りない」という言い方で残しておいた、イセエビの「微笑」とアオリイカの「嘆き」の話に戻る。何が足りないのか。それは、月夜にかわされる、エビとイカの海の底の出来事の攻防、幸不幸の不意打ちの面白さである。イセエビが自分の影に怯えるとはどういうことなのだろうか。私に常につ

＊8　同上。
＊9　「村上春樹さんインタヴュー『騎士団長殺し』の執筆を語る」『朝日新聞』朝刊、二〇一七年四月二日。

いて回る私の影、しかし、それは明かりのある場合に限られる。太陽の日差しであり、月の光であり、あるいは電灯の明かりである。延びたり縮んだり、消えたり現れたり、もう一つの私とも言える、あの自分自身の影の物語。要するに、影が影であるためには、光を必要とするということである。何らかの光がなければ、影はない。そうであれば、影の物語は光の物語でもある。どんな意味であれ、影を影としてくっきり捉えるためには、強い光の力がなければならない。つまり、光と影を一緒に捉えなればならない。

†

知識は、思わぬ飛び方をする。アラン、ベンヤミン、カフカ、そしてシャミッソー。ベンヤミン本人はもとより、アランを除いて、これらの人物はみな彼のエッセイ「フランツ・カフカ」（一九三四年）に登場する。これは偶然である。予め「フランツ・カフカ」を念頭に置いて、私の文章が作られたわけではない。もちろん、何十年にもわたってさまざまな文章を読み考えてきたので、それらの一部がどこかに隠れていたということはあり得る。知識の飛行は、それと意識されないまま、今私をシャミッソーの『影をなくした男』（一八一四年）へと運ぶ。人間相互の疎外の行き着いたところで、無数の媒介的関係だけが唯一の関係となった現在、ひとは自分を見分けることができなくなった。ベンヤミンの言う、カフカの状況である。そのようなカフカについて、ベンヤミンは言う。「彼はペーター・シュレミールとその売られた影の話のように（A・シャミッソー『ペーター・シュレミールの不思議な物語』一八一四年）、いつか自分の失われた身振りを捉えることがあるかもしれない。彼は自分自身を理解するようになるかもしれない。しかしそのための苦労は何とすさまじいものであることか。なぜなら忘却から吹きつけてくるのはひとつの嵐なのだ[*10]」。言うまでもなく、日本語の題名『影をなくした男』と原題の邦訳『ペーター・シュレミールの不思議な物語』は、同じものである。一九世紀の初頭に出たこの作品は、ベンヤミンが指摘するように、かつて自分の影を売った男がそれを取り戻そうとする苦難の物語である。しかし、苦難や苦労という語を使うと、この影を売った男の「不思議な物語」の面白さが消えてしまいかねない。

影を売るという考えはどこから出てくるのか。お金がなくなり、生活に困ったらどうするか。自分の持ち物を売る。ひどい場合であれば、自分の血液や身体の一部でさえも。それもやがて行きづまる。もはや売るものがない。働かなければならない。労働力を売って、代わりにお金を手に入れる。富をもたないものにとっては、それしかない。しかし、今、仕事にあぶれ、自分の労働力を買ってくれるところもない。さて、今度は何を売るというのか。自分の影を売ろう。考えてみれば、影は常に自分について回るが、別にそれが失われたからといって、困ることもあるまい。実際、陽の光や灯りがなければ、自分の影も消えたままである。しかし、影を買いたいという者など、いるだろうか。

＊10 ヴァルター・ベンヤミン「フランツ・カフカ――没後一〇年を迎えて――」『ベンヤミン・コレクション』2（浅野健二郎編訳）、ちくま学芸文庫、一九九六年、一六〇頁。

訳者の池内紀によれば、一八世紀から一九世紀前半、影絵の大流行があったそうだが、ちょうどシャミッソーがこの奇妙な影の物語を書いた時代である。例えば、ヴォルテールの『書簡集』やゲーテの『若きウェルテルの悩み』の表紙には著者の影絵が印刷されていたそうだ。もちろん、そんな背景もあったであろう。しかし、それにしても、影の売り買いなど尋常ではない。

物語は次のような文章で始まる。「航路つつがなく、とはいえ私にとっては辛い船旅でしたが、それでもようやく待ちに待った港に着きました。ボートで運ばれ陸に上がるやいなや身のまわりの品を一つにまとめ、肩にかついで通りの人ごみをわけて進み、看板にひかれるままに、もよりの安宿に入りました。部屋をたのむとボーイはひと目でこちらの懐中ぐあいを見てとったらしく、さっさと屋根裏部屋に案内するのでした。コップ一杯の水を所望したのち、やおら私はトーマス・ヨーン氏の住居はどこかとたずねました[*11]」。安宿、屋根裏部屋、懐中ぐあい等、これらの語は「私」の今の境遇をよく表わしている。「私」はお目当てのパーティ会場に向かう。頼みの綱は、このパーティの主、紹介状にある有力者ヨーン氏のみである。ところが、「私」はここで或る出来事に遭遇する。パーティの女主人の役回りのファニー嬢の手に薔薇の刺がささり、血が流れるのを見てしまったのである。会場のあちこちから「イギリス製の絆創膏」を求める声が上がった。その時、一人の「物静かな、長身痩躯の、かなり年とった男」が、「灰色がかった古風な琥珀織りの燕尾服のポケットから小さな紙入れを取り出して開き、うやうやしく腰をかがめながらファニー嬢に望みの品」を手渡した。絆創膏である。「私」はこのときはまだ気づいていなかったが、続いて同じ「灰色の服の男」が「例のポケット」から望遠鏡を取り出し、今度はヨーン氏に渡すのを見て、ようやく事態を呑み込むことになる。あのポケットには何かがある。「私」の疑念はトルコ絨毯に至って確信に変わる。それにしてもなぜ人々はあのポケットについて何も思わないのだろうか。それこそ奇妙な話だ。その後も、灰色の服の男は例のポケットから次々に所望の品々、テントを、三頭の馬を、取り出す。あの小さなポケットにどうしてそれらの品々が収まるのか。しかも人々はそれを当然のこととして受け取っている。何が起こっているのか。

かくして物語は一気に核心に到る。「私」は「だれひとり注意を払う者などいない」その男に引きつけられる。男についての決定的な言葉。「しかしわたしは影のうすいその姿から目をはなすことができませんでした[*12]」。改めて言うまでもないが、「影のうすいその姿」という表現には、この物語が「影」をめぐるそれであることの暗示がこめられている。数行後の、この「灰色の服の男」とそれを追いかける「私」との、カフカの小説の一節を思わせる、ぎくしゃくしたまことにおかしいやり取りがあり、ついに恐ろしい言葉が発せられる。「ほんのしばらくのあいだでしたが先ほどご同席させていただいていたとき、実は——思いきって申し上げるのですが——それはそれは美しいあなたの影にうっとりと見惚れていたのですよ。ところがあなたときたら足もとのご自分の影にはほとんど無頓着なふうで、ちっとも

---

*11 シャミッソー『影をなくした男』(池内紀訳)、岩波文庫、一九八九年、七頁。
*12 同書、一六頁。

目をやろうとはなさいませんでしたがね。はなはだ厚かましいお願いで恐縮ですが、いかがでしょう、あなたのその影をおゆずりいただくわけにはまいらないものでしょうか[13]」。没落した貴族の、うだつの上がらない、食いつめた「私」の前に、その影を買いたいという魔法のポケットをもつ「影のうすい」おかしな男がいる。取引である。影と何であれ好きなものとの交換。それにしてもなぜ「影」なのか。ないのならまだしも、「うすい」とはいえ、影はあることはある。「私」の言葉を引くと、こんな取引は「世に二つとありますまい」。しかし、灰色の服の男はこのうだつの上がらない男の「高貴な影」を求め続ける。結局、訳が分からないまま、「私」は自分の影を売り、幸運の金袋をもらうことになった。この金袋があれば、いつでもどこでも好きなだけ金貨を取り出すことができる。「私は男の手を握りました。すると男はこちらの手を握り返し、ついで私の足もとにひざまずくと、いとも鮮やかな手つきで私の影を頭のてっぺんから足の先まできれいに草の上からもち上げてクルクルと巻きとり、ポケットに収めました[14]」。両者は、一方がクスクス笑いを洩らしたかのような様子で、他方はすっかり正気を失ったかのように、別れた。

しかし、報いはすぐにやって来る。陽の光の下で、婆さんの呼びかける声、「影をなくしておしまいじゃありませんか」。門番には、「どこに影を忘れてきなさった?」。女たちには、「あれまぁ、あの人、影がないじゃないの!」。悪たれ小僧には、「ちゃんとした人間なら、おてんとうさまが出りゃあ影ができるのを知らねぇか」。こうした蔑みや悪罵のなか、あの金袋を使って金をばらまきながら、「私」は何とか辻馬車に逃げ込む。物語の語り手は、その時の「私」の心境を次のように言う。「馬車が走り出すやいなや私はワッとばかりに泣き出しました。そのときすでに漠とした予感があったからでしょう。この世の中では功績や徳よりもお金が幅をきかせているとしても、そのお金よりも影のほうがなおのこと、なくてはないものらしいのです。私は以前、良心のために財産を捨ててかえりみなかったのですが、このたびはお金のために影を捨ててしまったのです。このさき自分はどうなるのでしょう、どうすればいいのでしょう?」[*15]。ともかく、人前に出ないこと、陽の光を避けること、隠れること。かくして「私」は高級ホテルの最上等の一室に閉じ込もることになった。それにしても、かつて「良心のために」財産になど目もくれなかった男が、今どうしてお金に目がくらんでしまったというのか。影のない世界など想像できないとでも言うのだろうか。もし影なき世界が世界だとしたら、いったいどういうことになるのか。想像してみよう。ぺらぺらの一重の世界の恐怖、影があるということは光があるということだから、影がないとは光もないということになる。そうすると、影なき世界とは光のない真っ暗闇の世界ということにならないか。闇の世界、それはどんな世界なのか。影なき男とは光なき男でもある。かくして、影の排除や根絶は光なき闇の世界の到来にほかならない。

*13　同書、一七頁。
*14　同書、二〇頁。
*15　同書、二三頁。

しかし、この影を売った男の物語を読みながら、私は別の感慨をおぼえる。後に別の章でも触れるが、川上弘美に教えられた、ゾンビの群れである。「赤いゾンビ」、「青いゾンビ」、いや「白いゾンビ」だって、「緑のゾンビ」だっているかもしれない。影をなくした人々、それがゾンビなのではないか。ゾンビの群れなのではないか。では、今私が自分の影をなくしたとして、ひとはどんな反応をするだろうか。私が影をもたないことに気づくだろうか。影に注意を払うような生活からほど遠い所にいる者には、影のあるなしは関心の埒外なのではないか。そもそも「影」とは何か。「影」があるとはどういうことなのか。建物の影、樹木の影、電信柱の影、あなたの影、私たちの影、昼の影と夜の影、影、影、影、……、哲学の話ではプラトンの洞窟の比喩か。もうすっかり影を忘れて生きている。この物語の訳者の池内紀が「解説」の中で、影の記憶について次のように述べている。「心理学者によると影の記憶は成長の過程につきそっているのだそうだ。ある齢ごろになってようやく影の意味合いに気がつく。つまりは潜在的な自我に気がつき『私という他人』を発見する」[*16]。

自分の影を「潜在的な自我」、「私という他人」として受け取るとどうなるか。この場合、自分の影を失うとはどういうことになるのか。二重の「私」が消え、薄っぺらな一重の「私」が残る。これはどんな事態なのか。池内は「影踏みごっこ」の遊びに言及しているが、影は動き回る私に「執拗にへばりつき」、どこまでも私につきまとう。自分の影を踏まれないためには、追いかける者たちから逃げなければならない。この時、影もまた、私と一緒に逃げ回ることになる。影は私なのだから、影と私は離れるわけにはいかない。しかし、影と私は同じではない。光の時間のなか、私の運動によって、影は私の前後左右に長短の変化を伴って移動する。しかし、ここまでは昼の影。夜の影は一変する。やはり光や灯りのなか、影は恐怖の対象ともなり得る。私は私の影に怯える、恐れる、脅かされる。自分の影に不安や恐怖や驚異を感じ、立ちすくむ、よろける、走る、逃げる。しかし、このもう一人の私はなくなることはない。暗闇の場所への逃走を除けば。では、闇の中では、私は常に一つか。そうではない。「私」の二重性はなくなることはないが、見えなくなるだけである。したがって、あの生々しい不安や恐怖がなくなったわけではない。このように、影は決して自分から消えてしまうことはない。われわれが生きて活動している限り、影は常について回るのである。そうであれば、自分の影の完全な消失は文字通り自分の死ということになるだろう。

改めて問おう。影がもう一人の「私」の現われであり、潜在的な自我であるとすれば、それを失うことは何を意味するのか。それは自分自身を殺すことである。それでは、シャミッソーの物語の薄っぺらな一重の私とはどんな私なのか。それはもはや生きた私ではない。影を売った「私」の苦労はベンヤミ

＊16　池内紀「ペーター・シュレミールが生まれるまで」『影をなくした男』岩波文庫、一九八九年、一三七頁。

ンがカフカの状況と呼んでいるものと同様、すさまじいものである。例えば、可愛らしいしとやかな女の子の場合、「影がないことに気づくやいなや色あおざめて可愛い顔をヴェールでかくし、おもてを伏せたまま足早に去っていきました」[*17]。この後、「私」は苦い涙を流し、「胸はつぶれんばかりで、よろめきながら暗闇にもどりました。建物につかまりながら這うようにして夜遅く、やっと住居にもどりました」。しかし、この程度の苦労ならば、まだ許容できるだろうが、シャミッソーの物語の面白いところは事態の深刻さをこえて、ばかばかしいさに満ちあふれている点である。例を二つあげる。一つは画家を訪ねて自分の影を描くように求めた場面である。どうして影を失くしたのかときかれて、ロシアへ行った時、あまりの寒さで影が凍りつき、地面から引きはなすことができなかったという話。もう一つは「私」が恋におち、結婚話のさいに、影を失くした理由としてあげた、乱暴者がいきなり影を踏みつけ、大きな穴があいたので、今修理中だとの言い訳。ばかばかしいが面白い。しかし、笑っている場合ではない。事態は深刻なのである。というのも、影を失うことは生きた自分を失うということだからである。では、どうすればいいのか。道は一つである。あの灰色の服の男を見つけ出し、自分の影を取り戻すことである。

灰色の男が見つかった。影を売った一年後の再会の約束の日に、彼は「私」のもとにやって来た。金袋を返して、影を取り戻す。これですべてが終わるはずであった。しかし、灰色の男は別の交換をもち出した。今度は魂と影の交換である。魂が肉体から自然離脱した後、「私」の魂をこの灰色の男に遺贈するという書状へのサインを求められたのである。この男は誰なのか。訊ねられて彼はこう答える。「おわかりいただけませんですかね？　哀れな野郎でございますよ。学者とか科学者といった手合いでして、せっせと腕を磨いてもだれからもさしてほめられもせず、ちょっとした実験をやるよりほかにこの世のたのしみがない人間でしてね――ともあれ、ご署名くださいよ、右下のここにペーター・シュレミールとですな」[*18]。「学者とか科学者といった手合い」というこの男は、「私」からは小さな悪魔としか言いようがない。なぜ魂と影との交換なのか。その影はもともと「私」の影であり、それがないことで今の苦境を招いているのだから、当然それは必要である。他方、なぜこの悪魔は魂を欲しがるのか。彼の言い分では、学者や科学者の手合いのちょっとした実験の楽しみのためである。言い得て妙である。さて影を失くした男はどうするか。紆余曲折があったものの、彼が選んだのは、運命の甘受である。取引には応じないということである。

こうして本当に影を失った。しかも金袋も投げ捨て、悪魔との関わりも断ち切った。もはや影も金もない。これは最悪の事態ではないのか。いや、そうではない。すべて失った後、「私」にまた奇妙な出来事が降りかかる。一歩歩けば、七里行くという「魔法の靴」を偶然手に入れたのである。ここからまた「私」の不思議な旅が始まるのだが、この物語についての私の話はここで終わりとなる。彼の物語の

＊17　シャミッソー『影をなくした男』（池内紀訳）、二八頁。
＊18　同書、六八頁。

終わりの言葉、皆さん、影を大切にしてください。お金はその次です。自己に忠実に、より良き自己にしたがって生きることです。

†

改めて、影とは何か。イセエビとアオリイカの場合は対照的である。イセエビは自分の影に怯えて月夜には出て来ない。それが自分の身を守ることにつながっている。アオリイカは光に吸い寄せられて自分の窮地となる。大事なのは、何らかの仕方でイセエビが自分の影を知っているということである。では、アオリイカには影はないのだろうか。あるいは、あっても、出て来ないというほどに、それはアオリイカを動かすことはない、ということだろうか。われわれはここにアオリイカの素朴さを見るべきなのか、それとも光の世界への単純な憧れや自分自身への無関心さを見るべきなのか。身の安全を考えた場合にはイセエビの怯えの微笑を取りたいが、アオリイカの素朴さの嘆きも捨て難い。

村上春樹の場合はどうだろうか。彼を論じるには私はまったく良い読者ではない。だから、ほんの少しだけ、それも単なる思いつきを書いておく。村上にとって、影を描くことは自分自身と向き合うことであり、自己を描くことであろう。同じように、社会の影を描くことは、社会のそれ自身の陰影を映し出すこと、社会の喜怒哀楽を、われわれの現在と未来を記述することであろう。影のように、長く延びたり、短くなったり、消えたり、現われたりする悪の蠢きを描くことであろう。

最後のシャミッソーはどうか。影がなければ生きられないというのはどういうことだろうか。魂との交換というきわどい場面で魂を売り渡すことを拒否し、影を失った者として生きる決心をするのはなぜなのだろうか。影が「もうひとりの私」、潜在的な自我であれば、一重の私として、薄っぺらな私として、かえって気楽に自由気ままに、それこそアオリイカのように生きればいいだけの話ではないのか。そうではない。われわれは、そこにアオリイカの嘆きを聞かなければならない。影をもたない者の悲しみを見なければならない。恋人と結ばれなかった悲喜劇を知らなければならない。しかし、失って得たものもあるのではないか。新たな自己の獲得である。影がないことで逆に影をもたない者として、絶えず行動せざるを得ないということである。これがあの最後の場面で言う、影こそが大切なものであり、お金は二の次、という言葉の真意なのではないか。それはまた、ありふれた、手あかにまみれた、ごくつまらないしかし何とも言いようのない重さをこめて人々が繰り返す、自分を大切に、という言葉に改めて生命を吹き込む生きた言葉なのではないか。

最近、影で遊んだことがありますか。自分の影を、あるいは他人のそれを、あるいは物の影をじっくり眺めたことがありますか。そんな文章に、そんな言葉に、そんな人物に会ったことがありますか。素敵な影に、つまらない影に、不気味な影に、見とれたり怯えたり嘆いたりしたことはありますか。ひとにも動物にも物にも影があるように、社会にも国家にも世界にも影がある。影はもうひとりやもうひとつが隠れる場所である。だから、知られたくない場所でもある。もっと言えば、秘密の場所である。暴露されたら困る場所である。しかし、それがあるのではなく、ないとなると、話は別である。影を失くした人々の場合、この場所ははじめから「ない」のである。ひとは「ある」と思ってあれこれ考えるが、はじめから影がない者にはまったく答えようがない。「ない」ものは「ない」のである。影は恥ずかしい場所でもあるが、それをもたない者にとっては、恥はおろかあらゆる感情がない。無なのである。だから恥ずかしいもみっともないも疚しいもとまどいも何もないのである。あるのはペラペラの自分とツルツルの「わたし」とスカスカの言葉だけである。かくして、今日もまた、記者会見で一様に「何の問題もありません」。

結論。影を失くした者は、自分の影に怯えるイセエビやアオリイカの嘆きや死後の魂まで売ろうとしたシャミッソーの「私」のように、失ったことでとことん影の大切さを知った者以外は、決して反省しないということである。影なき世界とは光なき世界であり、影を喪失した人々は闇の中をただ動き回るゾンビの群れでしかない。

五　日常の中の懐疑

今、私の机の上に一冊の文庫本がある。田中小実昌の『イザベラね』である。不思議な本と不思議な作家、長い間愛読してきた。取り上げたいと思いながら、どう書いてよいか分からなかった。この同じ著者に、傑作『ポロポロ』がある。それもまたいつか触れたいと思ってきたが、その前にどうしても『イザベラね』。スペイン語圏の女性の名前をとって、「イザベラ」。そこに「ね」を置くセンス、「ああ、イザベラね」。読む前から、魅了されていた。それにしても、なぜ、『イザベラ』ではなく、『イザベラね』なのか。

†

『イザベラね』は、一九八四年に文庫化された。元の本は、その三年前の刊行であり、同じタイトルでやはり中央公論社から出された。言うまでもなく、本の魅力というのはその全体にある。言葉だけではない。表紙の白井晟一の絵がすばらしい。男女が向かい合っている。緑の半袖の女が紫の長袖の男の唇のあたりで指を開いて、腕組みした男をまっすぐに見つめている。大きな眼である。左手の細い五本の指は、ちょうど二人の間にある。手の平をこちらに向け、等間隔に開かれた四本の指、そしてやや斜めに立てられた同じ太さの親指、これらは何かの交渉を思わせる。お金の話か、待ち合わせの確認か。五〇〇円、五万円、五〇万円、あるいは五〇〇万円か。それとも、五時、五月、五階、あるいは五年後か。茶髪の、やや鷲鼻の、女の横顔、冷静な乾いた雰囲気である。男はややうつむきかげんに思慮深げな表情で、眼は端に寄り、こちらを見つめている。視線は交わらない。黒い髪の男は、難かしそうに腕組みしている。何か考えているらしい。

女の開かれた指が二人を近づけ、遠ざける。指がちょうど間に置かれているからか、隔たりが際立つ。顔と顔は近いが、親密さは微塵もない。男と女の間には、たぶん、生活の事情があるのだろう。開かれた指は、その象徴だろう。それらの五本の指は、二人をつなぎ、引き離す。近いは遠い、遠いは近いか。男と女は、あなたと私は、ひととひととはとにかく難しいらしい。鮮やかな色彩、明確な構図、曖昧さはまったくないが、見れば見るほど奇妙な絵である。解らないからいいのかもしれない。この女性が、もしかして「イザベラ」だったら。そうであれば、あの五本の指はやはりお金の交渉だったのかもしれない。その気になって見ると、ギャラのやり取りのようにも見えてくる。そうすると、少し若すぎる気もするが、男は「大内先生」だろうか。絵全体に漂う、少し沈んだ思慮深い雰囲気は、困難を予想させる生活の事情に由来するものか。「ああ、イザベラね、イザベラね」の声が聞こえてくるようだ。白井晟一の絵とともに、何度も夢の中に現われては消えた。

少し間をおこう。田中小実昌といっても、世代によっては知らないという人も少なくないのではないか。私は教室や研究室で何度か彼の小説を取り上げたことがあるが、反応はほとんどなかった。ただ、面白いことに、或る時、一人の学生が『ポロポロ』に触れ、言葉の問題を取り上げたことがある。学生の間に反応がなくても、私の中には驚きがあり、それがその学生への注目につながった。その後、この学生は、私の卒論の演習に参加し、ベルクソンを中心に哲学の勉強を続けた。この組み合わせに何かあるのか。『イザベラね』にベルクソンの名前が出てくるのは一個所だけであるが、他の作品を見れば解るように、実際に田中小実昌とベルクソンにはつながりがある。といっても、田中小実昌と他の哲学者との関係から見れば、ベルクソンはそのうちの単なる一人ということだったのかもしれない。例えば、『カント節』や『モナドに窓がない』など、直接哲学や哲学者を想起させる本のタイトルのものに比べると、そこに特別な何かがあるわけでもないのかもしれない。しかし、学生はベルクソンを選び、田中小実昌の小説を取り上げた。もっとも、そこには、『イザベラね』はなかったが。

『イザベラね』は難解な小説である。なぜ難解なのか。少し長い説明が必要である。それには後で触れることにして、まず作家田中小実昌とその作品の紹介から始めたい。といっても、ここでは、「一般的」な紹介にとどめる。「一般的」などと言うと、その時点で田中小実昌に駄目出しをくらうかもしれない。「一般的」にといった言い方でどういうことを言っているのか。「一般的」がどこかにあるのか。問いが続き、言葉が立ち往生する。窒息と沈黙。『イザベラね』では、「……」となる。しかし、最初はあえて、「一般的」に行こう。それはどこにあるのか。表面や表層にある。「オモテ」には「オモテ」の良さがあるということである。実は、田中小実昌の作品の魅力は、深さ、すなわち徹底的な懐疑と、表層、すなわち徹底的な軽さとの戯れにある。深刻を避け、表層を遊ぶ。『イザベラね』において、田中小実昌が語るのは、社会の「ほとんど」外を生きる人々の生と死である。ストリップ劇場を舞台にした、そこに集う、女たちの、男たちの、色恋と飲酒と失敗と悲喜劇の人生の早すぎる生と死である。読み終えた後、ひとは田中小実昌の乾いた世界の「かるーい」人生の、いわゆる浦山桐郎の言うところの「痛切」な生と死に触れることになる。それは、まるで田中小実昌が偏愛する役者「水口三郎」の演技の世界のようだ。彼は、水口について次のように言う。「水口三郎は、戦後、大評判のラジオ・ドラマの映画の主役もやっている。かるーい演技の（ほかの役者で、水口三郎みたいに、かるーい、いい役者はいない）ぼくの大好きな役者だ」*1。この「かるーい」をどう受け取るべきか。この作家の中にある難しさの一つである。「ほとんど」世界の外を生きる人々の「かるーい」人生の生と死、その明と暗、その悲しいとうれしい、その幸福と不幸、その高揚と落胆、その浮上と落下、そして瞬間の歓喜と突然の終焉。忘れ難い人々がいた。イザベラ、マミー葉山、ナンシー・レイ、椿エリ、そして大内先生など。かつて少しだけ不良少年だった私が或る地方都市の夜の日々、野良犬のようにうろつきまわった孤独の快さと苦さをかすかに想起させる、かるーい、乾いた、パラダイスを追われたアダムとイヴたちの世界。

文庫本『イザベラね』の裏表紙の著者紹介によれば、田中小実昌は一九二五年、東京千駄ヶ谷生まれとある。東大文学部哲学科中退。哲学に興味をもつ者であれば、アリストテレス研究などで知られた、元東大教授井上忠との交友は周知の事実である。「チュウさんとの対談」を読まれた読者もいるかもしれない。今の時代は調べることに困難はないので、紹介は最小限にとどめるが、著者紹介に戻ろう。「中退」の後の文章はこう続いていた。「戦後の混乱期にストリップ小屋、進駐軍キャンプ等で働く。H・チェイス、R・チャンドラー、C・ブラウン等の訳書多数。昭和五四年、「ミミの話」「浪曲師朝日丸の話」で直木賞、『ポロポロ』で谷崎潤一郎賞受賞。著書は他に『自動巻時計の一日』『幻の女』『オホーツクの妻』等がある」。「一般的」な紹介とはこのようなものだろう。私があえて付け加えるとすれば、東京生まれだが、四歳から広島県呉市で暮らしている。作品について言えば、「北川はぼくに」(『戦争小説短編名作選』講談社文芸文庫)か。新しく出たものでは、『上陸　田中小実昌初期短編集』(河出文庫、二〇〇五年)。翻訳では、ジェームズ・M・ケインの『郵便配達はいつも二度ベルを鳴らす』(講談社文庫)とダシール・ハメットの『血の収穫』(講談社文庫)の二冊。前者は、ルキノ・ヴィスコンティの第一回監督作品(一九四二年)の原作、後者はリリアン・ヘルマンの夫で、ハリウッドの「社会主義者」

＊1　田中小実昌『イザベラね』中公文庫、一九八四年、一三〇頁。

の傑作の翻訳。あと筑摩文庫の『田中小実昌エッセイ・コレクション』全六冊か。紹介は難しい。はたしてこれが「一般的」かどうか。

今度は『イザベラね』という作品の紹介であるが、裏表紙に次のように書かれている。「ストリップ劇場にたむろする奇妙な人間たち――ストリッパー、ヒモ、劇場主、プロダクション社長、軽演劇シナリオ・ライターなど――があやなす不思議な世界を特異な感性と独特の文体で描く」。これが「一般的」紹介の凄さである。先に少し触れたので、特に付け加えることはないが、実際に作品を読めば、そうだとなるか、そんなものではないと思うか、それは解らない。例えば、少し似た世界を描いたとも言えなくもない、あの小津安二郎の、旅芸人の一座を描いた映画作品『浮草』（大映、一九五九年）を紹介するとなると、これものっぺりした言葉を連ねることになりかねない。だから、とにかく見ることです、となる。しかし、これでは紹介にならないし、言葉で伝えることの放棄になりかねない。田中小実昌には映画について語った多くのエッセイがあるが、感受性とコトバとの間の深淵をどう架橋するかという悩ましい問題にいつも直面していたように思われる。『浮草』で言えば、あの若尾文子の魅力的なエロキューション、あの中村鴈治郎の「アホンダラ」の怒声の迫力、あの京マチ子の肉体の官能性、旅芸人一座のノンシャランな集団性、その匂い、その悪い空気、そのざわめきと静寂、そのベタベタ感と暑苦しさなどをどのように伝えたらいいのか。感受性の「わかる」と悟性的理解の間の深淵、「モヤモヤ、何となく、そうそう、……」と明晰判明・エピステーメー・テオーリア・理性的認識との間の深くて暗い深淵、そこにこそ田中小実昌を終生苦しめた問題がある。要するに、感受性あるいは直観とコトバとの根本的乖離である。田中小実昌は作品を通して、自分の感受性や直観が引き寄せる「それ」への接近を倦むことなく試みる。私もまた「それ」に触れたいと念願する。「それ」を今「実在」と呼ぶと、その「実在」の秘密にこそ触れたい。田中小実昌の小説の難解さはこの不可能な試みに起因する。

†

懐疑という言葉を置いて、『イザベラね』を読むとどうなるか。懐疑と言えば、哲学の歴史では、古代懐疑論の祖といわれるフィロンの「判断中止」や近いところではデカルトの方法的懐疑などを思い浮かべることができるが、いずれも大げさな懐疑であることは否めない。熊野純彦によれば、フィロンと彼に従う者たちは、現われるもの同士の対置や思考されるもの同士の対置、また現われるものと思考されるものとの対置や「ある」ものと思考されるものとの対置などで知られるが、デカルトの「一生に一度」の懐疑もまたそのような古代の懐疑論に起源をもつ。しかし、これらはいずれも田中小実昌の懐疑にはそぐわない。私から見ると、彼の疑いはもっと「日常の中の懐疑」でなければならない。学問の創造とは無縁の生きることや生きていることの懐疑、日常生活の細部に及ぶ懐疑でなければならない。しかし、それが取るに足らない、どうでもよい疑いかと言えば、決してそうではなく、根本において人の生と死を制約するものに何らかの仕方で触れようとする、悪戦苦闘の懐疑である。懐疑の行き着く先は、それ以上疑い得ないものとしてのわれわれが生きて死んでいく、この世界の秘密である。この世界の秘密を秘密としてコトバで示すことである。しかし、このような試みは可能なのだろうか。先に触れたように、直観や感受性は言語や思考とそのままつながっているわけではない。深淵があり、断絶がある。そうであれば、秘密に通じた、まったく別の言語や思考がなければならないのではないか。言語ならざる言語、思考ならざる思考、しかし、そのような言語や思考は可能なのだろうか。言い方を換えれば、田中小実昌の小説の難解さとは、そのような状況のもとでの試行錯誤の戦いに由来する。

　その戦いとは、次のような光景である。書き出しの文章から。「大内先生に電話をしたら、ちょっとのあいだ呼び出し音が鳴っていて、電話にでた。これはめずらしいことだった。大内先生は、いつも、すぐ電話にでる」[2]。この話に続いて、電話にすぐに出るもう一人の相手、或る小説家が登場する。この人物については、次のように書かれている。「ぼくが電話をかける相手で、もうひとり、ちりんと鳴ると、すぐ電話にでるひとがいる。このひとは小説家だが、なにか欠けている、とある新聞の人物評で書かれたことがあった。しかし、なにか欠けているから、そのひとはそのひとなのに、とぼくはおもった。欠点といえばわるいところがあることだが、このひとは、なにかぽっかり欠けているのだ」[3]。欠けているという言葉が繰り返され、そのうちそれは欠点という語に言い換えられる。何か欠けたところがあるという言い方は、日頃よく使われる言い方である。別におかしな表現ではない。しかし、欠けているとは「ある」ものが「ない」ことであるということに留意すると、欠けているものが「ある」という言い方は奇妙といえば奇妙である。なぜか。「ある」はずのものが「ない」から欠けているということになるのだが、「ある」はずのものが「ない」としての欠点が「ある」ことになってしまうからである。この場合は、「ない」ことが「ある」ことになっている。そうなると、「ある」と「ない」とはどのような関係になるのだろうか。

続きの文章はこうである。「そのひとも、それに気がついていて、自分はこういうことでも、ふつうのひとにはあることが欠けている、と書いたりしている。だけど、そのひとが、欠けている実例としてあげる出来事なんかよりも、もっとぽっかり欠けているものがあって（部分的なものなどではない。まるごとそのひとに）呼び出し音がちりんと鳴るか鳴らないうちに電話にでることなんかも、ぼくはそうではないかとおもう」[*4]。改めて欠けているということについて触れると、或る人物に対してその語が使われた場合、欠けているということはその人がその人である所以であるということは解らないではない。欠けているのは、そのひとがそのひとだからだろう。この小説家の場合は、「ぽっかり」「まるごと」欠けている。しかし、依然として解らない点がある。なぜ、電話にすぐに出ることが欠けていることになるのだろうか。一つは、電話にまつわる、こちら側の思い込みや通念が問題だからだろうか。確かに、何度

＊2　同書、七頁。
＊3　同書。引用文中の傍点は原文。以下同様。
＊4　同書、七―八頁。

か鳴るのを待って電話に出るというのが「ふつう」のやり方なのかもしれない。しかし、すぐに出たからといって許されないということにはならないだろう。この場合、「通常」や「ふつう」にそれほど大きな力があるとも思えない。では、何が問題なのか。

会社や事務所などでは、待たせてはいけないと教育を施されるケースも少なくない。しかし、それも程度の問題で、鳴るとすぐに出なさいというわけでもないだろう。田中小実昌の答えはこうである。「ただし、電話にでることが、どうして、なにか欠けているのか、と言われても、こたえられない」。それならば、どうして彼らは欠けていることになるのだろうか。田中は、「こたえられない」と言った。しかし、彼らは「欠けている」のである。問いを変えてみよう。なぜ「こたえられない」のか。かくして、懐疑の水準が変わる。それでは、答えられなくしているものとは何か。「待たせてはいけない」が社会の暗黙のルールによってであるとすれば、問いの水準はまるで違うが、問いに対する答えを制約する条件とは何か。そうだよね、何か欠けているよね、と私に言わせているもの、それこそ田中が触れようとしている「それ」なのではないだろうか。小説のタイトルが単に『イザベラ』ではなく、『イザベラね』でなければならない理由もそれと関係があるのではないか。

†

大内先生の場合はどうか。「大内先生も、なにか欠けているひとか、なんて言ったら、わらわれるだろう。大内先生は、ガタ欠けに欠けているひとだと見られてるからだ。しかし、見かけのガタ欠けが、大内先生のほんとに欠けてるところを、おおい隠していないか。でも、こんな言い方も空間的、計量的だなあ。実例としてあげる出来事なんかよりとか、もっとぽっかりとか、比較も計量もできないココロのことを、ぼくは無造作に空間語の計量器にかけちまってる。おまけにほんとに欠けてる、ときた。ほんと、ほんとなんて、およそ空間語とはちがうとおもってたら、もうちゃんと空間語じゃないの」[*5]。これらの文章には、田中小実昌の「日常の中の懐疑」のあり方がよく現われている。鍵になるのは、「空間的、計量的」、すなわち「空間語」であり、「比較も計量もできないココロ」である。「ココロ」や「実在」のようなものを覆い隠しているのは、これらの「空間的、計量的」、要するに空間語である。懐疑の始まりはただ「おかしい」だけだったが、今や「空間語」が「おかしい」の源泉ではないかという地点にまで来た。

　これらの「比較」や「空間、計量的」や「空間語」から何かを連想しないだろうか。ベルクソンである。彼の哲学である。もちろん、ここでベルクソンに触れたからといって、懐疑が遭遇した困難に何か変化があるわけではない。「ココロ」や「思うこと」でさえ、「空間語」が介在することによって、実在を別なものへと翻訳することだとすると、事態はいっそう深刻である。もっとも、「いっそう」などと

*5　同書、八頁。

言うと、これは「空間語」そのものではないかと、後の文章が進まなくなってしまう。田中小実昌の懐疑は彼自身のコトバだけではなく、私たちのコトバをも制約する。問題は今、彼の言う「ココロ」、また私の言う「感受性」、さらにはベルクソンの言う「直観」は、「空間語」とは本質的に相容れないということである。しかし、このような表現は、「空間語」ではない言語、実在を実在として映すコトバをどこかに想定しての言い方なのではないか。例えば、通常の言語の外にある、直観のようなコトバ。予め失われた不可能性の言語、それは夢の中の言語でしかないのかもしれない。

このように、『イザベラね』には翻訳の問題がある。言い換えれば、それは置き換えの問題でもある。ただし、置き換えには、時間的なものを空間的なものへ、また比較できないものを比較可能なものへ、拡がりのないものを拡がりのあるものへといったように、さまざまなものがある。ベルクソンの場合は、このような翻訳や置き換えを再び翻訳し直すこと、置き換え直すことが問題になる。逆向きの翻訳である。ごく解りやすく言えば、翻訳された時間を、すなわち空間化された時間を、反対に実在としての時間へと翻訳し返すことである。ベルクソンは、一八八九年に発表された、最初の著書『時間と自由』(『意識に直接与えられたものについての試論』)の「序言」において、次のように言う。「私たちは自分を表現するのに言葉に頼らざるをえないし、またたいていの場合、空間のなかでものを考えている。換言すれば、言語というもののために、私たちは私たちのもつ観念相互のあいだに、物質的対象相互のあいだにあるのと同じような明確で鮮明な区別、同じ不連続性を立てざるをえなくなってしまうのである。こうした同一視は実生活では役に立つし、大部分の科学では必要でもある。しかし、或る種の哲学的問題が引き起こす乗り越えがたい困難の原因は、本来は空間のうちに場所を占めない現象を空間のうちに執拗に併置しようとする点にあるのではないだろうか」[*6]。では、この執拗な空間化の運動に対して、どうすればいいのか。それがベルクソンの哲学の始まりの課題であった。具体的には、非延長的なものの延長的なものへの、質の量への翻訳によって「立てられた問題そのものに矛盾を引き入れた」ことが疑われ、例えば、自由の問題に関しては、持続と延長、継起と同時性、質と量との混同の一掃が目指されることになる。一掃の後、何が現われてくるのか。純粋な持続としての時間である。すなわち、実在であるる。しかし、この実在を言葉で言い表わすことは可能だろうか。言語もまた空間化の働きであるとすれば、そこには大きな困難があることになる。

†

ここでベルクソンから一旦離れて、再度『イザベラね』の懐疑に戻ろう。田中小実昌の場合は、ベルクソンとはまた事情が異なる。色川武大の「解説」が役に立つ。彼は、「解説」の中で、この小説の難解さの理由を二つあげている。一つは、田中小実昌という作家は、「自分で物を考え、肌で感じとり、

＊6　アンリ・ベルクソン『時間と自由』（中村文郎訳）、岩波文庫、二〇〇一年、九頁。

自分の基準で生きていく人であり、ありきたりの世間の概念などにとらわれない」人物である。それゆえ、作品全体は「コミサン語」で語られ、「規格教養型になっている当節の一般人」の物差しではうまく測れず、いわば「コミサン語」から「一般語」への翻訳が必要だというのである。[*7] 確かに、「空間語」などは「コミサン語」の典型であり、彼のどの作品も、一般的概念や常識や通念や考えを拒絶し、どこまでも懐疑を推し進めようとする独特のものである。しかし、それは理由の半分にすぎない。本当の理由は別なところにある。というのも、「コミサン語」を「一般語」に翻訳したからといって、それによってこの作品の難解さが消えるわけではないからである。むしろ、「コミサン語」の頻発は、ベルクソンの場合と同様に、言葉そのものに関わる問題である。本当の難しさは、どれほど「コミサン語」を駆使しても、実在に触れたことにならない点にある。要するに、コトバにすることは常に「それ」への裏切り行為なのではないかという結論部分にある。

したがって、色川言うところのの翻訳に関して言えば、独特の「コミサン語」を一般語や共通語に、また人々の間に広く流通している概念や観念に翻訳したからといって、田中小実昌が表現しようとする事象そのものが人々の理解や了解に至るかどうかは別問題であろう。問題は、あくまでも、「コミサン語」の目指すところ、すなわち懐疑が向かう彼方である。一般語や共通語の外にあるコトバは予め一般語や共通語への翻訳不可能性の刻印を帯びたものであり、その賭け金は「それ」を「それ」として表現するところにある。しかし、何語であれ、およそ、「それ」や「実在」をコトバによって「それ」や

「実在」として示すことは不可能なのではないか。

それでは、色川が指摘したもう一つの理由とは何か。それは、語ることそのものに関する問題に由来する。言い換えれば、物語性の問題である。この場合も置き換えの問題が根底にあるが、それはまた出来事そのものとその出来事の語りとの関係の問題でもある。なぜ、人は語るのか。語りがなければ、われわれは出来事があったかどうか知り得ないからである。また、語りがなければ、思考も記憶も想像力も感覚も働かないからである。しかし、この点に問題がある。語りは、現実を裏切るのである。色川の言うように、語りには「物語のルール」のようなものがある。解りやすい例で言うと、それは起承転結とか因果応報のような「虚構」や「お話」を考案するのである。因果性について、色川は次のように言う。「原因があり、その原因によって、結果が現われる。これは物語の骨子にしやすい。けれども、それは同時に、無数の森羅万象の中から、特定の原因を限定し、特定の結果を限定して終わるという、現実に即していない物語になってしまう」[*8]。これも実はベルクソンの問題でもあるのだが、出来事そのものはお話を作るというメカニズムの働きの前で常に表現の不可能性にさらされていることになる。

ここで色川の言う「現実」を、あるいは別のところで言われている「現実の空気」を、実在という言

＊7　色川武大「解説」『イザベラね』所収、二一三頁―二一四頁参照。
＊8　色川武大「解説」二一六頁。

葉で捉え直せば、物語性の問題も先ほどのコトバの問題と同一の問題になるだろう。それゆえ、田中小実昌の作品が難解なのは「空間語」や「計量語」への懐疑だけではなく、このような物語性に対する徹底的拒絶にある。これが、色川が言うところの、第二の理由である。しかし、コトバや語りや虚構化の外で、はたして「それ」や「実在」の表現は可能なのだろうか。そもそもそれらの外に立つことは可能なのだろうか。田中小実昌の作品は、「日常の中の懐疑」を通じて、「コミサン語」によるそれらの表現可能性への執拗な探索にほかならない。彼の方法は、疑いやためらいの間で動揺を続ける自分の感受性を手がかりにして、「ほんと」への接近を試みるというやり方である。その試みの一つが『イザベラね』という作品である。難解な小説と言われる所以である。

†

最後に、そのような田中小実昌の試みを別の観点から辿り直してみよう。最初に疑問の形で触れたように、この小説のタイトルは『イザベラ』ではなく、『イザベラね』であった。この『イザベラね』の「ね」のもつ意味をさらに深めていくことで、彼の試みの全体が明らかになるはずである。問題は、やはり「おきかえ」と「はなし」である。

予め断っておくが、イザベラという女性はこの小説の主役というわけではない。もっとも、この小説には主役なども誰もいない。それではなぜ、「イザベラね」なのか。イザベラは、作品の中で、次のように現われる。「ちょっとたって、電話にでた大内先生は、はなしている途中で、『……イザベラ、イザベラね』と言い、ふ、ふ、とわらった。いや、大内先生は、ふ、ふ、……とわらったのだが、わらい声が実際にぼくの耳にはいったかどうかはわからない」[*9]。それを受けて、「ぼく」は「イザベラ?」と聞き返す。その後の文章はこう続く。「大内先生は、ふ、ふ、イザベラ……ふ、ふ、イザベラ、とうなずいているようだけれど、これも、そんな声が、実際にきこえたかどうか」。ここで「ぼく」が「イザベラ?」と聞き返したのは、実際にそれを聞いたかどうか解らなかったからではない。そうではなく、大内先生の口から、イザベラという名前が突然出てきたからである。「ぼく」は尋ねる、「イザベラって、……あのイザベラ?」。しかし、この問いに意味はない。というのも、「ぼく」がイザベラ本人に何か特別な関心があったわけではないからである。二人は、ただ、「ああ、イザベラね」と言い合っているだけなのである。だから、ここに、イザベラの代わりに、他の誰かの名前を入れても事情は変わらない。現に二人は、別の日に、「マミー葉山、マミー葉山ね」と言い合っていた。イザベラに述語がつかないように、マミー葉山にも述語はつかない。「マミー葉山、マミー葉山と、大内先生とぼくはさえずりあって、遊んでるのだろう。これも、そういう遊びではない。遊んでいるだけだ。いや遊んでると言えば、わかりやすいかとおもっていたが、遊んでるのでもなく、ただささえずっている」。微妙な表現が続く。

*9　田中小実昌『イザベラね』一二三頁。

「遊びでない」は、名詞「遊び」ではなく、動詞「遊んでいる」への転換が問題だからであるが、「遊んでる」から「ただ さえずっている」への転換はどういうことだろうか。もちろん、「さえずっている」は「遊んでいる」とは同じではない。どう違うのか。「さえずっている」とは、小鳥のさえずりのように、「イザベラ」という言葉が口まかせに出て来るということか。それにも意味はないのか。意味はない。なぜなら、「ただ さえずっている」の「ただ」が問題だからである。同じように、例えば、鳥になぜ鳴くのかと尋ねても意味がない。鳥は鳴くからただ鳴いているだけだからである。二人も、さえずるからさえずっているだけなのである。

改めて、なぜ『イザベラね』なのか。「イザベラ」だけでは、述語が必要である。イザベラとは、どんな女性なのか。その場合、彼女は、日本生まれで、フィリピンと日本とのハーフで、……で、と述語が続く。しかし、これをいくら続けても、イザベラを語ったことにはならない。実際、この小説に登場する女性たちのなかで、彼女ほどよく解らない女性はいない。「ぼく」も「大内先生」も、イザベラのことは知ってはいるが、同時にまた知らない。よく知らないが、最も印象に残っているのもまたイザベラなのである。ここでは、知るということそれ自体が疑われている。

結論を急ごう。繰り返すが、「マミー葉山」に述語がつかいないように、「イザベラ」にも述語はつかない。だからこそ、「イザベラ」ではなく、「イザベラね」なのである。ここまではよい。しかし、なぜ「ね」なのかは依然として明らかではない。結論から言えば、「ね」は、名詞形のイザベラから動詞形のイザベラへの転換をもたらすのである。言い換えれば、それは、イザベラとは誰かから、生きている、あるいは生きていた、イザベラへの転換なのである。「ああ、イザベラね、イザベラね」は、その時イザベラは間違いなく存在していることなのである。もっと言えば、この時、この「ね」において、われわれは実在としてのイザベラに触れているということなのである。それゆえ、単なる『イザベラ』ではなく、『イザベラね』でなければならないのである。名前の後に「ね」をつけるのは、愛すべきストリパーたちが生きているということ、愛すべき彼女たちが間違いなく生きていたということを言うためなのだろう。田中小実昌が愛した、彼女たちと彼らの生と死がそこにあるということを表現するためなのだろう。それゆえ、この「ね」による転換とは、名詞から動詞への転換なのである。

大内先生にも、少し触れておかなければならない。この大内先生において、あの翻訳の問題の根本にある置き換えの問題が明らかになる。「ぼく」には大内先生はがまん強いと思われる。しかし、そうは思われてはいない。大内先生は元々軽演劇の先生だったが、その劇場がストリップ小屋に変わり、その楽屋にそのまま寝転んで暮らしている。そのせいか、彼は「ぐうたらの見本みたい」に言われてきた。「しかし、大内先生はいわゆるぐうたらかもしれないが、ぐうたら＝がまん強くない、という文字のおきかえが、ちょっとちがうんじゃないか、とおもいだしたひとは、大内先生みたいにがまん強いひとはいない、とおどろいたりする」[*10]。確かに、文字の置き換えしかしない人にとっては、「大内先生＝がまん強くない」であるが、置き換えをしない「ぼく」には「大内先生＝がまん強い」であっても何ら問題はない。「がまん強い」と「がまん強くない」という論争の決着は、互いに証拠を出し合うところまで行く。しかし、それで決着ということになるのだろうか。「なんでも実証されなければダメだ、というのは、常識どころか、平明な真理みたいになっている。しかし、これも、あることと、いわゆるその実証とが、おきかえられるとおもっているからだろう」[*11]。実証を証拠やエビデンツと言い直すと、今風の言い方に変わる。それもこれも「おきかえ」の問題である。これこそ、『イザベラね』全体を貫く根本問題である。言語から認識、そして存在に至るまで、それは懐疑が明らかにしたわれわれの生の制約である。

最後の最後に、田中小実昌の「おきかえ」の問題について触れることにする。『イザベラね』の「ぼく」は次のように言う。以下、「コミさん語」の連発である。「でも、おきかえられるものなどはないのではないか、すくなくても、生きてるものは。だが、おきかえができなければ、きょうの予定もたたない。予定というのは、きょうを昨日におきかえ、あるいは、これまでの日々とおきかえるからこそ、きょうの予定もたつ。すくなくとも生きてるものは、おきかえられないのではないか、などとぼくは言ったが、予定がたたなきゃ、実際に生きていけないわけで……。ぼくは実際に生きていけなくても、けっこう、と言いたいらしい。言うのはらくだ。しかし、それでどうなるのか? この、どうなるのかというのが、つまりは、実際に生きていくみたいな、効用的なことで、そんなことにはカンケイない、カンケイしたくない、とくりかえしたところで、どうしようもなく、カンケイはあるのだろう。ただ、そんなのは、やはり、ほんとではない気がする。でも、そのほんとというのは、どういうことなのか？」[*12]。長い引用になったが、「おきかえ」問題のほとんどすべてがここにある。「ほんと」という言葉に注目していただきたい。それは言い換えれば実在である。田中小実昌はここで実在の問題に触れているのである。

「生」は、置き換えできない。しかしながら、「予定」という言い方で示されているように、われわれが実際に生きている世界は置き換えで成り立っている。ただ、厄介なことに、この置き換えの世界は「ほんと」ではないように思われる。彼は、その世界は「インチキ」だと言いたいらしい。しかし、では、「ほんと」とはどういうことなのか。「ほんと」をコトバやお話で語ることは可能だろうか。そのことに成功するならば、「おきかえ」は一掃されるだろう。しかし、この試みは予め失敗に終わる挫折の道なのではないか。

けれども、このようにも考えられる。コトバでは表現できないが、人は「ほんと」を何らかの仕方で知っているのではないか。例えば、ベルクソンならば、直観によって。レヴィナスならば、「感受性」によって。しかし、この場合の「知る」はどのような「知る」なのだろうか。それは否定や禁止という

*10　同書、一八頁。
*11　同書、一九頁。
*12　同書。

形で「知る」ということではないのか。否定神学的に。肯定ではなく、「何々ではない」という仕方で「ほんと」に触れる。「ほんと」への可能な限りの努力、それが哲学の行為であるとしても、それではとても十分とは思えない。では、田中小実昌の場合はどうだろうか。彼は自分の言葉を徹底的に疑い、「おきかえ」や「はなし」の外を目指す。そのことによって、「インチキ」の操作のからくりを暴露しようと試みる。しかし、外にあるのは「ほんと」かもしれないが、「ほんと」はそれとして名指すことができない。それは、「ああ、イザベラね……」という仕方でしか言いようがない。大内先生はガタ欠けに欠けているとしか言いようがない。

　そこに何があるのだろうか。田中小実昌はそれをぎりぎりのところで次のように言う。「しかし、イザベラの名前は、どんなふうにも、それまで一度もでたことがなかった。大内先生がだれかの名前をひょいとだすのには、べつに理由はない。だが、理由はないが、なにかがあるのかもしれない。ただそのなにかは説明できない、説明できることなら、理由のうちにはいる。ほんとになにかがある、とも言えないだろう。ベルクソンふうになるが、なんでもないものがはたらいているのか。なんでもないものがあるというのはおかしい。ただ、はたらいていて……」[*13]。ベルクソンの名前が出ている。一個所だけのベルクソンである。「ただ、はたらいていて……」の後はどうなるのか。しかし、『イザベラね』ではここまでである。では、私はどうか。残念ながら、それはまた別な機会に。

　本当の最後に。私も、敬愛する作家の名品、パヴェーゼの『美しい夏』を駆け抜けた、あの魅力的な女性をしのんで、さえずることにする、「ああ、アメーリアね」。

＊13　同書、三一頁。

六　エロス＋感覚、恋する指の戯れ

『エロス＋虐殺』ではない。「エロス＋感覚」である。『エロス＋虐殺』は、一九七〇年公開の吉田喜重の映画作品。日陰茶屋事件を中心に、三角関係が描かれていた。いや、もう一人いた。そうすると、四角関係か。大杉栄、伊藤野枝、神近市子、そして辻潤。野枝に去られた辻潤の尺八のシーンも忘れ難い。なぜエロスなのか。「アナーキスト」大杉を中心としたエロス的身体の漂流が描かれているからである。なぜ虐殺なのか。エロティシズムの絶頂に死があるように、憲兵甘粕正彦による大杉と野枝、そして大杉の甥っ子の虐殺があったからである。「春三月　縊り残され　花に舞う」、言葉が流れ、桜が舞うシーンがあった。見たのは一度だけだが、今でも憶えている。

『白い指の戯れ』ではない。「恋する指の戯れ」である。『白い指の戯れ』は、一九七二年公開の村川透監督の日活ロマンポルノ作品。主演の荒木一郎の証言によれば、あの『黒薔薇昇天』の神代辰巳が書いた「スリ」という脚本を読み、出演を決めたという。スリ＋エロスの世界を描いたもの。伊佐山ひろ子のデビュー作でもある。なぜ白い指なのか。しなやかで美しい冷めた指が問題だったからである。なぜ戯れなのか。掏る行為のスリルとしての指のエロス的運動が描かれているからである。そこには、五つの感覚が一つになって働く快楽がある。これも一度見たきりだが、「白い指の戯れ」という語感のあやしさと伊佐山ひろ子の魅力が記憶に残っている。

それでは、なぜ、「エロス＋感覚」と「恋する指の戯れ」なのか。恋愛の、エロス的身体の、あられもない「夢の中の日常」(島尾敏雄)を書きたいからである。言うまでもなく、五感とは視覚、触覚、聴覚、味覚、嗅覚の五つである。恋する指の戯れにおいて、これらの五つの感覚が一つになる。それらは恋愛の悦びにおいて協働する。それゆえ、五感が開かれてゆく、恋する指の戯れ、すなわちエロス的身体の運動の過程が問題なのである。要するに、恋に揺れるエロス的身体のさまざまな戯れが問題なのである。小さな日常の生に見られる、バカバカしくも大切な色恋沙汰の妖しさ、生活の事情の奇妙さ、面白さ、ドキドキとキョロキョロ、高揚と冷静、そして叫びと囁き、それらを「夢の中の日常」として、あるいは「日常の中の夢」として、描いてみたい。主役は、恋人たちのエロス的身体であり、五つの感覚である。

†

見ることのエロスから始めよう。先頃、「天声人語」において、四方田犬彦のエッセイ「待つことの悦び」に触れた、こんな文章を読んだ。[*1]「約束の場所に早めに着いて、彼女を待つ。地下鉄の改札から駆け上がってくる姿を、一枚の絵のように想像しながら。心は恍惚感でいっぱいだ」。ここにあるのは、会うことそのものが喜びであるような、ありふれた男女の待ち合わせの風景である。確かに待つことは楽しい。しかし、誰もが味わうことだが、事が順調に進んでいるときは楽しいのだが、いつもそうとは限らない。「しかし彼女はなかなか来ない。心配はやがていら立ちに変わり、彼女の誠意が疑わしくなる。そして訪れる孤独と絶望。そのあとの彼女の到着は奇跡のようにも感じた」。時間の経過は残酷である。最初、時間は彼女の不在のまま通り過ぎる。やがて五分、一〇分、一五分と経過し、待つことから楽しさが消える。「孤独と絶望」の中でつぶやく、果たして彼女は来るだろうか。それは突然やって来る。彼女の到着はまるで「奇跡」のようだ。面白いことに、奇跡の到来は待たされれば待たされるほどそれらしく見える。遅れが常識を超えれば超えるほど、待つことは美的にすらなる。実に非合理的である。続いて、天声人語氏は、四方田犬彦本人の言葉を引用する。「遅れたことのたわいのない原因を説明する彼女は、なんと美しく、魅力に満ちていることか」。それでも言い訳するというバカバカしさ、またそこに美しさや魅力を感じるという倒錯した非合理性。なぜかくもバカバカしい事態が魅力的なのか。この魅力は、合理的なものとは別の仕方で働く力であり、恋愛の場を支配する力学に由来するもの

＊1　「天声人語」『朝日新聞』朝刊、二〇一七年八月二三日。

だからである。それは何か。エロス的身体の戯れである。

恋愛における待つことは、ある種の若さを必要とする。それは、生理的若さとは別の若さである。あるいは、幼児性のようなものかもしれない。物分かりのよさはいらない。むしろ、必要なのは訳の分からなさである。具体的には、彼女が現われるまでの時間を悦びの小さな未来としていかにして楽しむことができるか。はずれること、ずれること、すれちがうこと、これらの障害は恋をいっそう熱いものにする。困難は情熱を生む。しかし、天声人語氏の文章の狙いは、テクノロジーの進展によって、待つことが消えた現代社会をテーマにしたものであった。彼は、「時差のない世界が生まれている」と言う。時差のない社会は垂直性を欠いた平板な世界をもたらす。一時もズレや遅れを許さない過度に調整された社会、そしてまたわずかな間違いをさえ許さない息つく暇のない閉塞社会、そのような社会の到来は待つことの楽しさや悦びとは無縁である。例えばそれは、取るに足らないわずかなミスを致命的だと大げさに叫び、電車の遅れにいちいち食ってかかる、現代という時代の病人たちが行き交う社会の一風景か。

恋愛だけではなく、待つことについての考察はめずらしいものではない。それは現代の話に限ったことでもない。待つという行為そのものをテーマにしたものも、例えば、シモーヌ・ヴェイユの「神を待ち望む」などは、《attention》としての待つことそれ自体の深い省察を含む。当然それは哲学にだけ見られるというわけではない。そこに太宰治の「待つ」を置くこともできる。天声人語氏の狙いは狙いとして、話題を四方田犬彦の「待つことの悦び」に戻すと、そこに漂っているのは好きな女性へと向かうエロスの香りである。待ち焦がれた人に対する待つ身体の感受性、その動揺と悦びである。身体のエロス的感受性がなければ、待ち合わせに遅れることは、合理的理由が優先され、焦りや苛立や怒りが支配的になる。しかし、この場合、待っているのは生きて活動している私の身体なのである。同じく、私が待っているのは生きて活動する彼女の身体であり、息をきらしながら待ち合わせ場所を目指す彼女の身体なのである。だからこそ、あの四方田の文章、「遅れたことのたわいのない原因を説明する彼女は、なんと美しく、魅力に満ちていることか」となる。

私にも覚えがある。それは下から上がって来るのではなく、逆に降りて来る恋人の話である。階段の下でずっと待っている。それもすぐ下でというわけにはいかない。邪魔になってはいけない。そこは人々の往来の場所だからである。そこでギリギリの場所を探す。階段の半ばぐらいのところ、降りて来る足がちょうど見える場所が最適である。ただし、不審者と思われてはいけない。あやしさを隠して、自然に電車を待つ態度で、彼女を待たなければならない。私は所定の場所に立ち、視線を静かに階段へと向ける。

時間が経過する。足が見える。それだけで誰かが解る。待ち合わせの際、通常相手の発見はその顔が見えたときであろう。探す場合でも、顔を目指すことが多いだろう。しかし、この場合は、足である。足でなければならない。最初に降りてくる足はいつも右足である。右足だけで十分である。どうして解るのか。その足は単に彼女の足であるだけではなく、彼女そのものだからである。待っているのが彼女に恋い焦がれているこの私だからである。言い換えれば、他者としての彼女に向かう、エロス的身体としての私だからである。では、この場合、エロス的とはどういうことをいうのか。よく知られているように、フロイトは生物としての人間の欲求を二つに区別した。一つは、いわゆる生殖のそれのような、人間の生存のために欠かせない必須の欲求である。もう一つは、これとは別に、他者との関わりそのものを求める欲求である。生殖に関わる欲求から区別された、このエロス的な欲求は、前者と同じように必要不可欠な欲求であるが、他者との相互的関係を基軸とするものである。例えばフロイトの『エロス論集』(ちくま学芸文庫)の編訳者である中山元によれば、このエロス的なものは次のように考えられている。「わたしたちは認識するということが、抽象的で客観的な性質のものだと考えてしまう傾向がある。しかしフロイトは、原初的な認識や思考は、他者とのエロス的な関係によって、可能になり、動かされると考えている。人間が自然を抽象的で中性的な自然として認識するのではなく、まず自分の生きる『世界』として認識することを指摘したのはハイデガーの『存在と時間』であるが、フロイトはそれがエロス的な関係において初めて可能になることを指摘している」[*2]。ここではこれで十分であろう。

彼女の足は、待つ私に何を与えたか。やはり「よろこび」である。「うれしい」である。足が見えて太ももが見えて腰が見えて胸が見えて顔が見える。眼が笑っている、微笑んでいる、彼女の笑顔が語っている、「まあ、うれしいわ」。私も語っているのだろう、「ああ、うれしい」、と。これらは何よりも視覚の悦びである。見ることとの瞬間の快楽である。エロス的身体に基づく、このような私の眼の悦びをどのように表現できるか。眼の叫びと囁きをどのように伝えたらよいか。よく知られているように、視覚とは距離を置いた接触でもある。見ることは多くのことを教える。階段の例では、降りて来る人々の中からたまたま知人を見つけることや、電車に遅れまいと走る人々の危うさや、汚れた靴と素敵なサンダルや、真新しいバッグや、奇妙な男女の組み合わせや、騒がしい高校生の集団など、眼は素早く見分ける。しかし、こうした見分ける眼は決して悦びの眼ではないだろう。それは知る眼であって、快楽の眼ではない。それでは、悦ぶ眼はどこにあるのか。それはエロス的身体においてである。かくして、階段の途中、一瞬静止したその足から伝わって来る官能を感受した私の眼の悦びが、私の身体を階段へと走らせる。眼はもはや知識をもたらすようなものではない。この眼は、ただ、恋人の、それもまた、エロス的身体だけを見ている。私のエロス的身体の眼は、そこに、有用性や効用や手段の彼方にある、彼女のエロス的身体の直接的現前である生の歓びや輝きを見る。だからこそ、駅舎の一部がこわれるほどの台風の夜、恋する私は、あの場所で、この「私をどこまでもうっとりさせるエレメント」としての彼女の恋する身体の一瞬の奇跡的な生の輝きを見るために、まるで永遠を掴み取ろうとするかのようにいつまでも待っていたのではないか。二つのエロス的身体の接近があって、接触があって、単純な至福を、生

＊2　中山元「エロスの一般的理論の試み」『S・フロイト　エロス論集』（中山元編訳）所収、ちくま学芸文庫、一九九七年、四〇六頁。なお、この解説は参考になった。

の輝きを、見えないものを見ることで眼は自分の役目を終える。

†

触覚の出番である。私は何を待っていたのか。四方田犬彦のエッセイが収録された本『待つことの悦び』（一九九二年）によれば、「人は何を待っているのか。待っているものがわかったとき待つことの半分はすでに終わっている」。では、後の半分は何か。今は私の待ち合わせの話の続きとして考えてみる。二人は、階段から駅のホームの椅子に移動し、並んで座る。彼女は自然にからだを寄せてくる。何について話してもよい。手が接触する。手をつなぎ、指をからませ、互いの身体を触れ合わせる。今度は、触覚が動き出し、彼女の身体へと開かれてゆく。手は、相手の手に触れることで何かを語っている。指は多弁である。

指で文字を書く。スグニワカリマシタカ。ドウシテイマシタカ。オカワリアリマセンカ。ウレシイデスネ。メガワラッテイマシタネ。白い指が応える。メデキョロキョロ。クロイカバンガミエマシタ。ジャケットガステキ。イツモノバショデシタネ。ウレシイワ。指で文字を書くと言えば、中学生や高校生の時を思い出すかもしれない。そう言えば、そんな覚えがあるという人は少なくないかもしれない。口に出すのが恥ずかしいから、相手の身体に指で文字を書く。あるいは、こんな遊びのようなものもある。指で文字を書いて、相手に当ててもらう。中高生であれば、スキ、のような文字か。中年にでもなれば、アイシテイル、か。それは少しあやしい関係を思わせるが、指が辿った跡を読み取りながら、そこからコトバを探す。読み取ったからどうというわけではないし、読み取れなかったからといってどういうわけでもない。

スキヨ。ワタシモ。マア、ウレシイワ。ワタシモ。アメフッテキマシタ。ステキナアメ。アサハタイヨウ。イッショニヌレタイワ。ヘンデスネキョウワ。イツモオモッテイマス。シコウノセイ。シコウ？ウン、シコウ。見田宗介に改めて教えられた「至高の生」、ちょうどバタイユが「たとえばそれは、ごく単純にある春の朝、貧相な街の通りの光景を不思議に一変させる太陽の燦然たる輝きにほかならないこともある」と言う、あの「至高の生」である。短い時間の中、見なれた駅舎の光景、行き交う人々の影、一瞬の闇また再びの灯り、注意をうながすアナウンスの声。目まぐるしく通過と到着を繰り返す緑の電車。突然、笑いと歓声。孤独を生きる男と女たち。携帯電話に熱心に見入る高校生と中年。ひたすらお菓子を食べ続ける会社員。何の変哲もない、ごくありふれた、そのような日常の中、恋人たちの戯れは続く。「恋する指の戯れ」である。それは、触れることの官能であり、触覚の悦びや快楽である。ここでもまた、エロス的身体は視覚だけではなく、触覚をも開く。実はこの時既に五感全部が働き出しているのである。彼女の匂い、声、口の動き、それらは協働して見ること、触れることと一つになる。

二人は電車に乗り込む。いわゆる、べたべたした関係のはしたないアヴェックの出現である。周囲は迷惑だろう。トンネル、光から闇へ、一瞬の変化、男女の唇がかすかに接触する。沈黙と沈黙。遠ざかる駅舎の影。つながれた手と手。からみ合う指と指。求め合うからだとからだ。結局、触覚が目指すのは愛撫である。相手の肌に触れる。それは何もすべすべしているとか、荒れているとかの知識を得るためではない。では、それは何を目指すのか。彼女をまるごとつかまえるためである。まるごとつかまえるとはどういうことか。他者そのものに触れることである。しかし、肌にどんなに触れても、彼女それ自身に触れたことにはならない。指は、手は、触覚は、挫折を知っている。彼女は、指の向こうに、手の届かない彼方に、いる。少し哲学をかじった者ならば、気のきいた表現として、他者の超越などと言うかもしれない。結局、他者は逃げてゆく。

しかし、本当にそうだろうか。私の、恋する、燃える手は、彼女のエロス的身体を通じて、一瞬、彼女の生の輝きにそっと触れたのではないか。捉まえることはできないが、触れることはできるのではないか。私は何度も強く握り、彼女もそれに応えて強く握り返す。強弱がリズムを作り、やがて二つの恋する指の融合をもたらす。彼女の手は火のように熱い。私の手は火傷したように痛い。二つの恋する指の戯れはいつまでも続く。やがてこの熱気は身体全体にまで及ぶだろう。触れることは彼女の身体に触れるというだけではなく、私のエロス的身体の運動によって、私の手の、指の、戯れによって、彼女の生の輝きに触れることなのである。しかし、それは「瞬間」の奇跡にすぎない。逃げ去る他者の記憶の中で、手や指はそれを知っているのである。ただカラダ全体を寄せてくるという彼女のスキを、可能な限り自分のカラダ全体で受け止めたいという私のウレシイがぴったり重なり合った時、そこに現われるのは生きていることの「単純な至福」なのではないだろうか。

†

怖い表現がある。逃げ去る他者に対して、「食べてしまいたい」。比喩として受け取ったとしても、尋常ではない言い方である。これに比べれば、キスマークや歯形の類いなどは艶かしいが、子どもだましのようなものである。味覚の器官としての口の行為である食べることや噛むこと、もう少し広げて味覚とエロスとの関係はどのようなものだろうか。食べることや噛むことは限りなく性愛の行為そのものに近づく。

噛むとはどういうことだろうか。私は噛んだことも噛まれたこともあるが、指を噛まれるとどうなるか。痛いのである。唾液で濡れて、歯形がつく。噛まれた方はたまらない。それは普通の関係ではあり得ない。噛まれてうれしいは、あの伊東ゆかりの歌う「小指の思い出」のような関係でなければならないだろう。特殊な関係を除けば、スキやニクラシイやアイシテルがなければ、受け入れ難い行為であろう。指を噛むことは、食べることに近い行為なのか。口というのは、食べることへの欲求から見れば、味わい消化するための器官である。しかし、他方、それはきわめてエロティックな器官でもある。キスの行為などを考えれば、すぐに解るだろう。それは、いわば、生存の欲求を満たす器官であると同時にエロス的身体の器官でもある。口という器官の二重性である。中学生ぐらいの頃、初めてガールフレンドと二人だけで喫茶店に入って簡単な食事をした時のことだが、運ばれたものに手をつけられずに困ったことがある。恥ずかしいのである。口を開けるという行為ができない。それはとてもエロティックな行為であり、大人でなければ不可能と思われた。女友だちはなおさらである。向かい合って、口を開けてものを食べる、深い関係でなければそれは無理なのである。ましてや口元が汚れるような食べ物は注文する方がどうかしている。口の中が見えないように素早く口に入れる。それができなければ、食べないでおく。だから、私が初めて京都に出て来て、お好み焼き屋で男女が向かい合って食べているのを見た時、とても正視できなかった。人前で性行為しているかのような生々しさ。にもかかわらず、歳を重ね、平気で向かい合ってものを食べるようになるとは、あるいは指を噛むようになるとは、人生はやはり不可解である。ある段階からは、男女が一緒に食べることや噛んだりすることは決して例外的なことではないのだろう。

噛むことは食べることに移行する。たまたま岩波書店の新刊案内をながめていると、赤坂憲雄の『性食考』が目についた。こんな文章が飛び込んできた。「食べちゃいたいほど、可愛い」。これは、先にも触れたように、よく耳にする言葉であり、例えば「目の中に入れても痛くない」なども、同種の表現であろう。実際に、食べたり目の中に入れたりしたら、大変なことになる。だから、「このあられもない愛の言葉は、〈内なる野生〉の呼び声なのか」。口や舌は、何も栄養をとるためにだけあるわけではない。食べることや味わうことは、他者とどこまでも一つになろうとする性的交わりを意味するエロス的身体そのものに関係する行為でもある。食べるという言葉による、あるいは味わうという言葉による表現の多様性を考慮に入れれば、そこにはもっときわどい意味もあるだろう。ここではこれ以上深入りしないでおく。

口はまず自然を世界として味わう。人は口を通じて世界に関わる。それゆえ、既に触れたように、口は食べ味わう器官であるだけではなく、われわれを他なるものへと開くエロス的器官でもある。というのも、赤ちゃんを見れば解るように、口で味わうようになるためには、まず食べものが与えられなければならないからである。ひとは母親や家族のものに食べるものを与えられて初めて食べることができるようになるのである。これは人間に限ったことではない。例えば、鳥の仲間を考えてみれば一目瞭然だが、ヒナは親鳥の口移しでえさを飲み込んでいく。自分でえさを取れるようになるまでは、そうした待つことから始めなければならない。われわれも同様であろう。しかし、繰り返しになるが、こうした仕方で食べものが与えられるというのも、そこには他者との、すなわち母親や家族のものとの結びつきがあるからなのである。このような結びつきを可能にしているものこそ、エロス的身体にほかならない。それゆえ、食べることが根源的なのではなく、自然を、世界を、具体的には食べるものを与えられていることが根源的なのである。要するに、他者に通じているということが、エロス的身体が他者との結びつきを可能にしているということが、根源的なのである。

ところで、あの二人はどうなったのか。一緒に電車に乗る。駅で事前に柿の葉寿司を買い、電車の中で食べる。七個入りのものであれば、一個ずつ食べていって、最後に一つ残る。それをどうするか。まず私が半分食べる。残りを彼女が食べる。ところがこの時の食べ方だが、彼女が葉っぱをむいて私に差し出す。その時私の中に寿司だけではなく、指ごと全部食べたい激しい欲求が生まれる。これはいけない。このあられもない欲求とたたかって、何とかサバやサーモンの半分を食べる。あの「食べちゃいたいほど、可愛い」のコトバとともに。食べることに伴う、このようなあられもなさは愛の言葉というよりも、性愛的な一体化を求めるエロス的身体の叫びと囁きのようなものだろう。それはいわば「野生の声」だろうか。幼児の原初的過去の声は決して消えることはないのかもしれない。ひとはいつでもこの「原初の我れ」において、エロス的身体を生きているのかもしれない。食べることの歓びと快楽、それはまたエロス的身体の歓びであり快楽でもある。サービスしてもらった女店員さんともども、柿の葉寿司に感謝しなければならない。

†

突然、耳に聞き覚えのある声が飛び込んで来る。思いがけないところで彼女と会った。ウレシイワ。スキヨ。好きということの中には、いろいろなものが入り込んでいるが、彼女の言い方や声や音、エロキューションやトーンなど、耳に届くそれらは私を誘惑する。とりわけ、彼女が私の耳元で囁く、「スキ」などは他の誰も真似できないほど素敵である。話の内容が同じであれば、誰が話しても一緒ではないのか。そうではない。例えば、今誰かが或る作家の文章を朗読したとする。伝えられた内容が同一であっても、受け取る側の反応はまるで違う。耳に残る感触が違うし、聴覚の反応は異なる。私は全部一緒に、エロキューションという言い方をするが、彼女の声の魅力はそれに尽きる。若尾文子という増村保造のミューズがいる。とりわけ一九六〇年代の大映を代表する女優である。女優としての彼女の魅力は多々あるが、私には、その魅力は、第一に、その独特のエロキューションにある。この名女優の、声として現われるエロス的身体に魅了されたのである。だから、他の女優が同じようなセリフや言葉を言ったからといって、似て非なるものである。意味は同じだから、それでいいというわけにはいかない。それらはこちらが聞きたいと思うようなセリフでも言葉でもない。いわば単なる物理的音声にすぎない。声に情感性が帯びる、セリフに艶がある、コトバが乾いている、あるいは濡れている。これらは単なる比喩の問題ではない。聴覚の、すなわち聞くことの経験の問題なのである。

聴覚は面白いもので、聞こえてくる音を自分では遮断できない。耳は常に世界に開かれており、たとえいくら不快な音でも騒音でも、何かによって、たいていは自分の手によって塞ぐことで初めて外部の音を免れる。あるいは、もう一つのやり方がある。音の発する場所から出来るだけ遠ざかることである。同じ空間にいないこと、距離を取ること、聞こえなくなるまで遠ざかること、すなわち逃走である。遮断にせよ逃走にせよ、耳の自発的運動というわけにはいかない。人間以外の動物であれば、耳を動かして方向を調節できるかもしれないが、われわれに出来ることと言えば、せいぜい聞き耳を立てるぐらいのことか。

しかし、耳と聴覚には他の感官や感覚にはない特性がある。例えば、ミケル・デュフレンヌは聴覚の分析を始めるにあたって次のように言う。「聴覚は、一見したところ、視覚の要求するような特権を受けるにはふさわしくないようである。聴覚もおそらく、世界を生体に開くという同じ使命をもっているであろうし、その作用のゆえに精神との同様の関係も有しているであろう。だがまず、その器官は〔眼ほど〕活動的でも鋭くもない。人間の耳は動かない。それは記録し、その識別能力を駆使することによって生体に優雅なものをもたらすことはできるが、探索はしない。耳は音を出すもの（le sonore）を受け取るが、みずからの力でそれを受け入れないようにすることはできない」[*3]。ここでデュフレンヌの言っていることは、生きた身体と音との関係についてであるが、それは先に私が述べたエロス的身体と音との関係の以後の事態である。好きな人の声は、とりわけ恋人の声は、振る舞いやしぐさの場合と同じく、まず官能性を刺激する。それが可能性の条件となって初めて知識や情報の獲得がある。それゆえ、ここで語られていることは決して原初的というわけではないのだが、それでも視覚との比較によれば、そのように言えるだろう。

ところで、先に触れたように、聴覚には視覚にはない決定的なものがある。それは、自己関係、すなわち私と私との関係である。視覚の場合、自分が自分を見ることにはある種の困難がつきまとう。なるほど、私は自分の姿を見ることはできる。鏡や写真などを使って、私は私の姿をながめる。しかし、それには限界があるだろう。身体の一部は見えるが、全体を見るとなると無理である。デュフレンヌの言い方ではこうなる。「私は自分の姿を見て自分だとわかるのだが、とてもそれが自分だとは思えない。他人が私を見るときのように、他人に対してそこにいるわけではないのだが、私は私にとって他人なのである。つまり、私は、私自身にとってよそよそしい、要するに外的な存在であり、私の注視する運動の中に、私をつき動かすような自発性は現れてこないのである。聴覚にとっては逆に、身体はそれ自身に現前している、つまり私は身体のかすかな音を聞き、生の息吹、すなわち生の倦むことのない働きが私の中で反響するのを聞く。これは、いまだ私に私自身をしかとは告げてくれないが、音を出すものの背景である」[*4]。

改めて、聴覚の特性とは何か。自分の声を自分で聞くことができるということである。この自己と自己との関係において、耳は眼にまさる。デュフレンヌはそれを「無記名の力」と呼び、「自己表現する主体」という言い方で語るが、要するに自分の声を自分が聞くことができるということに、彼は音の始まりを見ているということである。人はこの原初の反響があって初めて、すなわち自分の身体の音や生の息吹や働きの反響を聞いて初めて、音や声や響きを聞くことができるのである。それゆえ、自分の声を自分が聞くというこの事態こそ、哲学的には決定的なのである。すなわち、音一般の根拠はこの自己

＊3　M・デュフレンヌ『眼と耳　見えるものと聞こえるものの現象学』(棧優訳)、みすず書房、一九九五年、五五頁。
＊4　同書、六二頁。

の反響を聞くことにある。哲学ではそれを音の可能性の条件と言う。しかし、ここで忘れてはならないのは、それもまたわれわれを他者や世界へと開くエロス的身体があって初めて可能になるということである。具体的に言えば、耳は例えば赤ちゃんの母親に向かうエロス的欲求に支えられて、このような自己覚知や自己表現を行なうことができるようになる。恋愛の場面で、人が妙に子どもじみて見えるのは、ひょっとするとこのエロスの幼児性のためかもしれない。音や声の話に戻れば、魅了されるということが最初にあって、声がそう聞こえ魅力的なものとして受け取られるのか、あるいは、声や音そのものが魅力的なので、そのように聞こえるのか。

以前、デパートの通信販売で、電話で注文をしたさいに、風邪をひいた女性と話したことがある。その時の女性の声が何とも魅力的であった。普通はそんなことは御法度とのことだったが、面白い女性で未知の客の私とずいぶん話しがはずんだ。電話が終わった後、あれはどんな女性なのかと思いを馳せても、もうどうにもならない。この経験によれば、確かに、声そのもののもつ魅力というものがある。なぜ彼あるいは彼女を好きになったのか。あの人の声が好きだったから。声の魅力とは何か。そこに性愛的接触や交わりへと誘惑する官能性が含意されていることは言うまでもない。官能の声や音は、もはや何かを意味するものではない。それらは、他者との接触を通して、性的身体の歓びやしびれや陶酔や快感がそのまま歓声や叫びや囁きや悲鳴になり、声ならぬ声や動物的な音のつながりに変わってゆく。ここにあるのは、あなたのエロス身体がその奥底からたてる音を、あなたの身体が奥底から感じるエロスの声を、この私がやはり私のエロス的身体の奥底で自分自身の歓びの声の震えとともに聞き取ることの性愛的な快楽である。

†

中年男性にとっては、夏は悲しい季節である。「におい」の話である。人の話を聞くと、加齢臭を消すために涙ぐましい努力があるとのこと。すれ違った瞬間、思わず鼻をつまみたくなる時がある。もちろん、逆の場合もある。しかし、「におい」の好き嫌いは微妙な問題であろう。自然の「におい」は致し方ないが、人工的な調節を考えるのであれば、香水のようなものを使うしかない。ところが、案外、人は自分のにおいに無知である。どんな香りがよい「におい」なのか。

彼女に香水を贈りたい。これが難しい。におい、漢字で書けば、匂いと臭いか。辞書的には、それぞれ良いにおいと悪いにおいに対応するが、この場合は香りと言った方がいいのかもしれない。よく知られているゲランの「夜間飛行」などは、サン＝テグジュペリの名声もあって人気があり、贈られて困るという人はまずいないだろう。しかし、自然のそれを含めて、匂いの魅力とはどういうことをいうのか。また、鼻や嗅覚について何を語ったらいいのだろうか。匂いについてこんな定義がある。「異様感を私にもっともつよくあたえるものは、匂いである。見知らぬ所に自分がいると感じるのも、匂いによってなのだ」[*5]。これは、私の愛読書である『ちくま哲学の森　別巻　定義集』の中の「匂い」の項目からの引用である。出典は、ポール・ヴァレリー「カイエB一九一〇」。異様感という語はあまり耳慣れない言葉であるが、馴染みがあるということ、馴染んでいるということの反対の、異和感のようなものと受け取ればよいか。それに続く言葉、「見知らぬ所に自分がいると感じる」という言い方は、異様感よりももっと具体的に「よそよそしさ」を表わしている。いわば、自分の家ではなく、赤の他人の家にいるような疎外感か。違う匂いをかいだ時など、ひとはしばしばいろいろ入り混じった複雑な感情をもつ。

山羊のチーズをご存知だろうか。私はむしろ牛のそれよりも好きなのだが、苦手という人も少なくない。何がいけないのか。においであろう。味の濃厚さは抵抗がなくても、あのにおいだけはという声をよく耳にする。デパートのチーズ売り場などでは、山羊のチーズは特別な場所に置かれている。においが洩れないように、特別の容器に入れてある。食べる時、それをこのケースから取り出すと、まるでそこに山羊がいるかのように、山羊のにおいがあたりに充満する。私の鼻は素早く反応する。このにおいがたまらない。口に入れると、まるで山羊そのもの。これに馴染むと普通のチーズでは物足りない。しかし、山羊のチーズの場合、贈り物といっても注意が必要である。私は実際にそうしたことがあるが、香水と山羊のチーズとの組み合わせは贈り物としては悪趣味と言われかねないが、においにまつわる話しとしては一考に値する。

初めての部屋に入った時、初めての人と会った時、またどこか見知らぬ土地に降り立ち、外国の街などを歩く際には、馴染んだものとの違いが際立って現われてくる場合がある。違いはどこから来るのか。

匂いからやって来る。眼や耳よりも、鼻からやって来る。その意味では、山も海も街も人も建物も電車も、何もかもが匂う。若さが匂ったり、美しさが匂ったりということもあるかもしれない。確かに、同じような匂いであれば、自分が見知らぬ所にいるとは思わないだろう。いつもの匂いとして確認するということが起こるのは、自分の場所を一時離れていてまた戻って来たという場合のことだろう。なつかしい匂いだという表現もこれにあたる。逆に言えば、匂いと自己とは切り離すことのできないものであり、私の一部でさえある。私の匂いは私であり、私の家の匂いは私の家であり、私の故郷の匂いは私の故郷なのだろう。この場合は、とりわけ匂いを匂いとして意識するということはないのかもしれない。匂いは、自然のものとして私と私の環境を構成している。

このように考えると、ヴァレリーの言っていることがよく解るのではないか。ひとが匂いを意識するのは、そこに違いを感じているからである。面白い表現がある。あのひとは自分と同じ匂いがする。もちろん、この表現は両者の実際の匂いが同じだと言っているのではない。それは、同じような考え方や感覚をもち、同じようなタイプの人間であるという認識の表現である。いわばウマが合うということの匂い版である。理解を深める、違いを埋めていく過程では、徐々に匂いに馴染んでゆくということが起こる。外国で暮らす場合などは、異様感や異和感が徐々にやわらぎ、そのうち匂わなくなり、街の風景

＊5　『定義集』（ちくま哲学の森　別巻）、筑摩書房、一九九〇年、四二九頁。

にも土地の自然にも人々の暮らしにもいつの間にか馴染んでいたということも決してめずらしいことではない。このような匂いへの慣れ、すなわち習慣化は、異なる匂いが自分の匂いの一部になったということなのだろうか。そう考えると、次のようにも言いたくもなる。もしかしたら、もっとも根源的なところで慣れることを規定しているのは匂いなのではないか、と。

いわゆる母子の関係を考えると、最初に他者へと開くものは間違いなくエロス的身体であるが、その関係において匂いのもつ意味は決して小さくはないだろう。相手が変われば匂いも変わるのであるから、匂いが違うというのは赤ちゃんにとっては重大な問題である。ただし、ここで匂いというのはその時々で変化する匂いではなく、相互性を可能にする関係の基底で働いている嗅覚にまつわることを言う。匂いとして開かれる嗅覚こそが、関係の原初の相互性をつくり、それを条件にして、われわれは他者に、自然に、世界に入り込んでゆく。エロス的身体におけるこの嗅覚は、幼児から大人に至るまでわれわれの「世界のにおい」を規定しているのではないか。ちょうど、エロス的身体における味覚が「世界の味」を規定しているように。それは、とりわけ恋愛の関係において決定的な意味をもっているのではないか。エロス的なものと嗅覚との関係については、さまざまな議論が可能であろう。匂いは性愛と深い関係にある。題名は忘れたが、昔見た映画の中で恋仲の二人がホテルに入り、すぐに男が女性の服を脱がし下着を嗅ぐという場面があった。幼かった私は、その意味が解らず、一緒に映画を見た兄に尋ねたところ、彼は、困ったように、そうねぇ、と笑っていた。

最後に。なぜ私は彼女を好きになったのか。ここまで来ると、答えは簡単である。秘密は彼女の匂いにある。私も大人になりました。しかし、匂いが孤立してあるのではない。それもまた、他の感覚と同様に、五感が協働して一つの全体を構成するエロス的身体の統一性のうちにある。

七　定義を変える

哲学の仕事を考える上で、定義の思想は欠かせない。特に日常の中の哲学を考えるにあたっては、大切な考え方であろう。私は以前、『ミニマ・フィロソフィア』という本を作ったとき、「日常の中の哲学」の節に、ミラン・クンデラと池澤夏樹の仕事を紹介しながら、その一端に触れた。[*1] 定義の違いや対立は政治的な意味をもつ、と。定義の思想は長い伝統をもち、今でも例えば、アランや鶴見俊輔や大江健三郎や池澤夏樹の仕事などを思い浮かべることができる。もちろんそこに中村雄二郎の『術語集』（岩波新書）のような仕事を付け加えることもできるだろう。もっと言えば、よく耳にするアフォリズムという言葉のギリシャ語の原義もやはり定義である。

このような仕事を通して、定義の思想を紹介するというのも一つのやり方であろうが、ここでは別の

＊1　『ミニマ・フィロソフィア』萌書房、二〇〇二年。

仕方で定義の問題を取り上げる。それは、鶴見俊輔と武谷三男による「定義を変える」という考え方である。先に触れたように、定義の違いがもたらす政治的意味の考察については以前に取り上げたので、今度はそれを変えるという試みを考察してみたい。

†

最近、法哲学者の那須耕介から、鶴見俊輔と武谷三男による「定義を変える」という考え方を教えられた。それはどのようなものか。『鶴見俊輔さんの仕事② 兵士の人権を守る活動』という本の中で、彼は次のように言う。「今は普通に暮らしていると、ろくなことがないので、お先真っ暗だというかんじがするかもしれないけど、物理学者の武谷三男さんと鶴見さんとの間のエピソードに、『闇の定義を変えれば』というのがあったと思うんです。それを借りて言えば、ぼくらはこれまで、憲法の明るさに慣れすぎてしまっていたと思うんですね。今までの『明るさ』の定義のままに、今の状況を見渡せば、ほとんど何も希望なんか見あたらない。だけれども、もう少し、明かりをおとして、暗闇の中に入ったら、もう少し光ってるものがあるだろう、という感じです」[*2]。この本は、二〇一七年一月に出ている。だからこの時期に一度読んでいるはずだが、その時はまるで気づかなかった。記憶に残っていないから、ただ通り過ぎただけだったのかもしれない。ところが、八月に出た、このシリーズの④巻、『雑誌「朝鮮人」と、その周辺』を読んだところ、これまでのもの全部を読み返してみたくなり、あの那須耕介の言葉に出会ったというわけである。以来ずっと、「定義を変えれば」ということについて考えている。これは鶴見俊輔の思想と行動をよく示す言葉であるだけではなく、観念や思考を日常の生活において吟味し、それを使用可能なものとして自分なりの仕方で作り直すという試みのすぐれた例でもある。考えてみると、これまでの私は、定義と言いながら、或る事柄をどのように定義するかという問題ばかりを追いかけてきたように思われる。それはそれで大切なことではあるかもしれないが、それだけでは定義の問題は現実の行為のそれと結びつかない。それに対して、「定義を変えれば」という考え方は、現実の問題にどのように対処するかという、認識から実践への転換をもたらす。従来の「明るさ」の定義のままだと、ぼんやりした光は闇に埋もれてしまって、とても光などと言えるものではなく、それらは「ない」も同然でしかない。そこで思い切って「明るさ」の定義を変えて、明るさの度合いをうんと落とすと、暗闇にポツリポツリと明かりが見えてくる。そうなると、今度はそれを手がかりにして歩いてみようではないかということになる。

那須耕介の言葉は次のように続く。「だから、明かりをおとして憲法は死んじゃった、というふうに仮に思ってみましょう。あるいは、九条なんか、はじめから死んでたというふうに思ってみましょう。それじゃあ、もうお手上げか？ そうじゃないということを、どうやって見つけるか。ホットラインの

＊2　那須耕介の発言、『鶴見俊輔さんの仕事②』所収、編集グループＳＵＲＥ、二〇一七年、四〇―四一頁。

活動は、そのことを考えるための、非常にリアルな手がかりだったと思うんです」[*3]。私なりに翻訳すれば、これらの言葉は意識の立場で考えられたものではなく、行為の立場から出て来たものであろう。「光」の定義を変えることで明かりを落として憲法は死んだと考えることによって、すなわち鶴見と武谷の言う「闇の定義を変えれば」を試してみることによって、行為の世界の可能性が開かれてくる。かつて、やがて訪れる死を前にして、ベンヤミンが、希望の定義を光から音へと転換させることで、暗い夜道を歩く友の足音に耳を傾け、そのわずかに聞こえてくる響きに希望を読み取ったように、定義を変えることによって新たに行動することや生きることの可能性が見えてくるかもしれない。

那須の言葉を受けて、黒川創がこの定義の話題を次のように補足している。これには実は先行する一つの逸話があるという。それは、武谷の言う「特権としての学問」と「人権としての学問」との区別の問題である。武谷によれば、面白いことに、「好きな学問」をやろうとして、戦時中はむしろ「人権としての学問」を選ぶケースが多かったという。他方、戦後の社会では「特権としての学問」が選ばれる。なぜか。戦時中は学問の自由も生活の保証もないので、かえって好きな学問が選ばれる。非常時にあっては、学問の特権といっても、それを可能にする基盤は弱体化している。それに対して、戦後は、秩序が回復するにつれて、学問が教授職や報酬や社会的地位と結びつき、さまざまな特権を容易にもたらすことになるからである。すなわち、学問の自由ゆえの、特権としての学問の復活である。このように学問には二種類あるが、「戦争中は、国全体が暗がりになって、そこでぽつんぽつんと孤立しながら、あの人は確かなことをやっていると、かえって小さな光のように見分けやすかった」。反対に今は、闇を覆いかくす「明るさ」がそれらの小さな灯りを見えなくしている。そうなると、明るさの中では、見えるのは「特権としての学問」のみということになる。この事態をふまえると、次の黒川の言葉は決して軽くはない。「武谷さんの晩年は、バブル景気の少しあとです。要するに世の中全部がホワイトアウトして、輝いているものが見えなくなった。だけど、もう、半分ベッドのなかで過ごしている武谷さんが『闇の定義を変えればいいんだよ』と答えた。今のこの明るさを、もっと明度を下げて見たら、その暗がりに、ぽつんぽつんと生きた学問をしている者たちが見えるじゃないか、というニュアンスで。だから、武谷さんの言う学問の幸福度というのは、バブルの時代の幸福感とは反転させられている。ひょっとしたら、その感じは、かえって、今の二〇代、三〇代でものを考えている人たちには、通じやすいものになってきているかもしれませんけれど[*4]」。

先日、京都祇園にあのディスコ「マハラジャ」復活との新聞記事を見た。また、あの狂騒の時代、ホワイトアウトの時代が始まるのかもしれない。はたして、黒川が言うように、若い人々に「通じやすいもの」になっているかどうか。それにしても、武谷の言葉、「闇の定義を変えればいいんだよ」は含蓄に富む強い言葉である。教育や学問研究から見ても、大学はもはや「別の秩序で動く空間」(東浩紀)で

＊3　同書、四一頁。
＊4　黒川創の発言、同書、四九頁。

はない。別の秩序のためには、大学と国家や社会や世間との間にズレがなければならないが、改革という名のもとにそのズレが奪われてすでに久しい。これは何も大学に限ったことではないだろう。別の秩序で動く場が消滅し、社会全体が一つになる。そこに心地よさを感じる人々がいるというのもまた事実であろう。そのなかで、定義を変えるという考え方は、悲観でも楽観でもない、きわめて実践的な教訓を含んでいる。その意味でも、那須や黒川の言うように、「自衛官人権ホットライン」の問題から学ぶべきものは決して少なくない。

†

アランの定義の考え方に少し触れよう。アランの『定義集』は興味深い書物である。彼が実際に学校教師として教室で「定義」を実践していた報告がある。アランの場合、定義は認識と実践の両方を併せもつ。今私が手にしている、神谷幹生による日本語訳の岩波文庫版は二〇〇三年に刊行されたものであるが、冒頭に掲載されたロベール・ブルニュの「日本版によせて」とモーリス・サヴァンの「初版の序」(ガリマール社、一九五三年)を、また終わりの神谷による「解説」を見ると、この書物が一冊の書物になるまでの経緯が解る。アランが残した厚紙のカードは全部で七〇〇枚以上に及ぶが、そのうち完成されたものが二六四枚で、残りの約五〇〇語は見出しの言葉のみで中身が書かれていない。何が採られ、何が落とされたのか。この書物が面白いのは、これらの完成されていないものもまた知ることができるという点である。ここから読み取れるのは、書かれたものと、およそ倍の書かれなかったものとで一冊の本が作られているという二重性である。そこにある語られた言葉とそこにない沈黙の言葉の合わせ鏡。選択はその時々の気分とか偶然とか言われているが、はたしてどうか。その他、いくつか興味深い事実はあるが、深入りせずに、本題に戻ろう。

アランにとって、定義することがなぜ哲学することなのか。ブルニュが書いてくれている。アランの哲学の定義とは、「ほとんどすべての善が、またほとんどすべての欲望が空しいと考えることによって、失望や屈辱に対して自らに警戒をうながす魂の按排である。哲学者がめざしているのは、自然的で自分に嘘をつかないものだけを感じとることである。哲学者の欠点は非難する傾向が強いこと、そして懐疑をとくに好むことだ」[*5]。ブルニュによれば、これは哲学が古い叡智に根を下ろしていることの、また永遠の歴史のなかに根を下ろしていることとの発見であるという。それゆえ、アランにとってすべて定義は「人間の一断面（プロフィール）」である。どうしてか。その「静謐な徳、イデオロギーとは無関係の、論争では得られない徳、すなわちすべての真の省察の原型であり源泉である徳」[*6]によって、となる。「人間の一断面」という表現は難解である。定義が徳と結びつけられている。徳は真の省察の原型や源泉である。そうであれば、定義することは本物のよく考えることの始まりであり根本なのである。これがア

＊5　ロベール・ブルニュ「日本語版によせて」アラン『定義集』（神谷幹生訳）所収、岩波文庫、二〇〇三年、一一頁。
＊6　同書、一二頁。

ランの「定義についての定義」であろう。

もう一つ取り上げる。先に触れたように、アランが実際に教室で学生に「即興で書くこと」を課していたという報告があるからである。アランは、与えられた課題に従って提出された学生たちの定義を、その場ですぐに読み、「検討・補足・修正」を加え、「黒板の上で力強い文章として完成させる」こともあったという。定義をするという行為は、アランにとっては「もっともすぐれた練習」でもあった。いろいろな学び方があるなかで、彼が考え出した最高の練習は自分で実際に定義してみるという学習方法なのだろう。また学生の定義に対して「検討・補足・修正」を加えるという容赦なさは、アランの定義についての思想をよく表わしてもいる。というのも、アランにとっては定義をするということは「普遍」の行為と一緒になることであり、言語への深い信頼でもあるからである。

†

これは、しかし、いかにも「哲学の中の定義」ではないだろうか。ここでは、もう少し、「生活の中の定義」について考えてみたい。それでは、鶴見俊輔の定義の思想とはどのようなものか。ちくま哲学の森シリーズの別巻『定義集』の解説、「手づくりの定義へのすすめ　解説にかえて」を見てみよう。例によって書き出しの文章から。「私は、自分なりの定義をもっている。人はそれぞれ、その人なりの定義をもっている」[*7]。この最初の一文から、鶴見とアランとの違いが解る。アランの場合は定義の目指すところは「普遍」であったが、鶴見はそうではない。「それぞれ」が「その人なりの定義」をもつと言われている。それゆえ、鶴見にとって定義とはそれぞれ固有のものでなければならない。では、鶴見の定義とはどのようなものか。「私の思想の根元にあるのは、痛みによる定義だ。火に手をかざすと、あつい。こどものころお湯をかぶってやけどしたことがあり、そのあとしばらくは、お湯のにたってい るところをさけて歩いた」[*8]。痛みによる定義があり、楽しみによる定義がある。だから彼は、それぞれ自分の定義、自分の手づくりの定義、「自分のからだの記憶としてもっている定義の束」が重要であるという。鶴見があげている例では、ジェラルド・マンリー・ホプキンスの「まだらの美」(一八七七年)という詩に見られる定義。空や鱒や栗の実や鶸の翼など、「まだらの美」の実例を次々に指さすことで、「その意味をひろがり」で定義する仕方である。このような思想からすると、数学をはじめとする学問や科学技術や帰属する集団の名のもとに行われる定義は疑わしいものとなる。「科学や技術の名の下に、どれだけ説得的定義が、その性格を見わけられることなしに使われて来たかが、ある年月の間隔をへてわかってくることもある」。鶴見らしい文章である。「ある年月の間隔」をへることで、そこに流れる時間の中で、解ってくることも少なくないのである。

---

*7 鶴見俊輔「手づくりの定義のすすめ　解説にかえて」、『定義集』(ちくま哲学の森)別巻所収、筑摩書房、一九九〇年、五八二頁。

*8 同書。

手づくりの定義は、日常生活の中の定義でもある。鶴見は言う。「日常生活のことを考えよう。私がここにいて、生きてゆくためには、世界のことを見つくしてから定義をたてるというわけにはいかない。人生について、身のまわりのモノについて、自分の出会う人びとについて、いくつかの定義をしておく。そういう場合、定義は、私の偏見をせおうことになる。『偏見はたのしい。しかし無知はたのしくない』と竹内好は日記『転形期』に書いた。その前半は、偏見のいきおいにのってすすめる生への肯定であり、その後半は、偏見のかげにかくれてまわりをよく見ないかたくなさへのいましめである」[*9]。これまで時間をおいて何度も読んできたが、読むたびに、どきりとする。「偏見」をせおうということの重さを忘れてはいけない。哲学で言う「ドクサ」からの解放は至難のわざなのである。解放ではなく、むしろせおうことの方が大切なのかもしれない。そこには、カフカの戦いの風景のように、自分と自分との戦いがある。それは決して終わることはない。もう一つ、「かたくなさへのいましめ」も忘れたくない。無知はかたくなさを生むのである。この後鶴見はさまざまな定義の仕方をあげてゆくが、この『定義集』全体がその見本のようなものである。これらの見本は参考品であり、それはまた「手づくりの定義への呼びかけ」にほかならない。

鶴見の忘れ難い定義の見本がある。私の場合は、アランと違って、これまで、さまざまな定義を使って学生に定義を考えることの意味を伝え、誰かの定義を、あるいは概念を、覚えるのではなく、くずすことや揺さぶることや作り直すことを教室で一緒にやってきた。面白いことに、鶴見がヘレン・ケラーから教えられた、学ぶことの定義は、私だけではなく、大江健三郎をも動かし、彼自身の書物である『定義集』（朝日新聞社）の「『学び返す』と『教え返す』」という一節になった。それは「ラーン（learn）」とは「アンラーン（unlearn）」であり、そこから派生して、同じく「ティーチ（teach）」とは「アンティーチ（unteach）」であるというものである。もともと鶴見の意図は、単に学ぶだけでは十分ではなく、その学んだものを自分のものにするために「アンラーン」が必要だという主旨である。鶴見は言う、「大学でまなぶ知識はむろん必要だ。しかし覚えただけでは役に立たない。それをまなびほぐしたものが血となり肉となる」[*10]、と。大江はこの考え方に工夫を加え、自家薬籠中のものにするためにさらに作り変えてゆく。一つの定義がもう一つの定義を触発し、自前の手づくりの定義へと変化する。鶴見から大江への、そして私への、定義から定義への「一貫した変形」（メルロ＝ポンティ）である。通常の〈learn〉と〈teach〉の、否定の接頭辞のついた〈unlearn〉と〈unteach〉への変換の面白さ。要するに、学ぶことは、学ばないこと、学び直すこと、学びほぐすこと、そして学び返すことであり、教えることは、教えないこと、既得の知識を忘れさせること、そうであるものをそうでないものと教えること、も

＊9　同書、五八六頁。
＊10　「鶴見俊輔さんと語る　生き死に学びほぐす」（対談相手：徳永進）『朝日新聞』二〇〇六年一二月二七日。同じく、大江健三郎『定義集』朝日新聞社、二〇一二年、四七頁。なお、大江の定義の思想に関しては、引用が多いとの批判に応えた文章、最終節「自力で定義することを企てる」に詳しい。

っと言えば、「教えること」は逆に「教えられること」となる。しかし、私には、ごく単純に、最もラディカルな定義はと言えば、「学ぶこと」は「学ばないこと」であり、「教えること」は「教えないこと」であるように思われる。ただし、この場合、「ない」に特別の意味をこめてだが。それゆえ、「学ばない」や「教えない」は悪ではない。

†

かくして、アランと違って私の場合は、朝日新聞に載った、二つの文章、鶴見の文章と大江のそれとを使って、学生と一緒に「アンラーン」の必要性について学び直すこととなった。手づくりの定義、自前の定義といっても、どこかで他人の定義と連動し、交差し、変化する。それで何か問題があるかと言えば、何もない。ここまできて、最後にどうしても紹介したい定義がある。これまでの私の日記の定義を根本からくつがえした無茶苦茶な作品がある。川上弘美の東京日記シリーズ第五巻『赤いゾンビ、青いゾンビ』(平凡社)である。私の家には川上弘美の本がほとんどある。しかし、愛読者は私ではない。最近まで『水声』(文春文庫)が寝室の本棚にあったので、読み出したところである。といっても、私は川上弘美の良い読者ではない。ところが、先に触れた日記を偶然読んでから、この作家のものを読みたくなった。とくかく妙なのだ、何か独特なのである。日記はそのエッセンスなのか、一読して圧倒された。

『赤いゾンビ、青いゾンビ』は、たまたま書店で見つけ、愛する真子のために購入した。タイトルがおかしいぐらいにしか思わずに、彼女に渡した。日記であることも内容もまるで知らないままであった。ただ彼女に渡すとき、赤いゾンビと青いゾンビが何を表わしたものなのかを教えてと頼んでおいたのだが、返答がいっこうに帰ってこない。その間、私は毎日のように、「赤いゾンビって何？ 青いゾンビって何？」を繰り返していた。しかし、埒があかない。そこで私はこの文章を書きながら、『赤いゾンビ、青いゾンビ』をあっという間に読んでしまった。人生は不可解である。何が幸いするか解ったものではない。日記と銘打たれているが、私の定義では、これは日記ではない。以下、私の日記の思想が根本からくつがえされた川上弘美の日記を紹介し、定義を変えるどころか定義が無効になるという話を書くことにする。私の日記の定義は、ありきたりのそれでしかない。例えば、実際に日記作品をあげれば、永井荷風の『断腸亭日乗』、夏目漱石のロンドン日記、アミエルの『日記』、アナイス・ニンの日記、ゴンクール兄弟のものなど。また、少し変わったところでは、メーヌ・ド・ビランの日記、ロラン・バルトの日記、深沢七郎の『言わなければよかったのに日記』など。今読んでいるのは、ルーマニア語で書かれたものの仏訳版であるミルチャ・エリアーデの《*Fragments d'un journal*, Gallimard, 1973.》であるが、これは毎日の眠る前の小さな楽しみのためのもの。なお、エリアーデと言えば、『ポルトガル日記　一九四一－一九四五』（作品社）もある。一口に日記といっても、いろいろである。私の日記の定義の大部分はこれまで実際に読んだ作品に影響されたものであろうが、忘れてはならないのは小学生以来実際に日記を書いてきたものの体験に基づく私自身の実感による定義である。なお、私自身の日記の代表作は「異郷の散歩」と「パリ日記」であるが、もちろん私以外の誰も知らない。日々、日記のノートを開いて、何を書いているのか。身辺雑記、備忘録、内省の記録、嘆きと怒りと呪い、恨みつらみ、悲しみ、他人への悪口雑言、悪あがきと深い諦め、そして叫びと囁き。もちろんこれらも誰も知らない。日記の私秘性と公開可能性とは切っても切れない関係にあるが、自分以外の誰も読まないし見ないからこそ日記であるという素朴主義者たちのイドラもある。私のものは今のところ、ごく一部を除けば、門外不出である。そんな日記好きの私から見て、川上弘美の東京日記は規格外の日記である。

「あとがき」を読むと、その一端が分かる。こんな書き出し。「『東京日記』も、この巻で五冊めとなりました。読者の方からときどき、『ほんとうのことがほとんどだ、と言っても、それはやっぱり嘘で、東京日記の半分くらいは、つくりごとなのですよね？』と聞かれます」[11]。私もまたこのような読者の意見に賛同したい。「つくりごとでしょう？」と言いたい。この声に対する川上弘美の回答。「いやいや、あきらかに『この月のはつくりごとだな』とわかる時以外は、たいがい、ほんとうのことなのです。妙なことがよく起こるので、近ごろは、神さまが『東京日記』のために、妙なことを引き起こしてくださっているのではないかと思うほどです」[12]。それでは聞くが、「この月のはつくりものだな」と言うが、それはどの月なのか。しかし、こうした問いかけはこちらが既に川上ワールドにどっぷりつかっていることの証拠でもある。そもそも「東京日記」には虚も実もない。彼女の文章がそれらの区別を無効にしている。嘘だから面白いわけでも事実だから面白くないわけでもない。川上弘美が書くから面白いのである。彼女の文章が面白いのである。こんな日記は稀であり、その結果私の日記の定義が一新されてしまった。「あとがき」の最後に、憎たらしいことにこんな文章がある。「ちなみに、近所のカップルは、結局今も復縁していません。それから、西友には、ちゃんとメタリックブラジャーが、ありました」[*13]。

ブラジャーの件には触れないで、ここではカップルの話を紹介する。それはまず、「十一月某日　晴れ」の個所に出てくる。[*14]「実は、この半年ほどの間、観察を続けていた対象があるのだ。／いつも乗るバス（同じ曜日の同じ時間）に必ず同乗している、一組のカップルである」。奇妙な文章である。「観察を続けていた対象があるのだ」、まるで科学者か何かみたい。一組のカップル、字面だけでも、これはあやしい。しかも、「最初、カップルはカップルではなかった」。うん、うん、それで？「六十代とおぼしき男性、そして超ミニをはいた、金髪縦ロールの四十代後半とおぼしき女性が、別々にそのバスに乗ってきていたのである。／ところが一カ月ほどたったある日、ふたりはカップルになっていた」。うん、よくある話ですね、それで？「バス停前にあるベンチに、最初は並んで手をつないで座っていた。／次

＊11　川上弘美『東京日記5　赤いゾンビ、青いゾンビ。』平凡社、二〇一七年、一七四頁。
＊12　同書。
＊13　同書、一七五頁。
＊14　同書、四五頁。

に見た時には、金髪縦ロールが、男性の膝の上に乗っていた」。うん、うん、膝の上ですか、うらやましい。ここで質問、金髪縦ロールとはどんな髪型なのか。その髪型と超ミニの組み合わせ、これは美学的にはどういうものなのか。しかし、実はそんなことはどうでもよいことなのである。読者はただ興味をもち、驚くだけでよい。四〇代後半と六〇代の組み合わせの妙に現代日本社会の一風景を読み取れば十分である。近所のカップルのその後はどうなったのか。それにしても、わずか数行でこれほど魅了する才能はやはり並みではない。

日記の文章は、まるで実況中継のように続く。今度は二カ月後、「終点まで乗っていた金髪縦ロールが、男性の降りる途中のバス停で、一緒に降りるようになった」。ふむふむ、進展があったということですね。三カ月後、「女性の金髪が地味な茶髪に変わった」。金色から茶色へ、この変化は何かの兆候だろうか。四カ月後、「女性の超ミニがただのミニに変わった」。そして、いつも男性の前に立って歩いていたのが、男性の後につきしたがうようになった」。超ミニからミニへ、前から後ろへ、変化は続く。混乱あるいは混沌、まるで不明である。五カ月後、「女性の方から積極的にがっちりつないでいた手が、つながれなくなった。そして、常に少しだけおどおどと恥ずかそうにしていた男性が、顔を上げて歩くようになった」。おーらら。そして、「半年後の今日、女性と男性はまたカップルではなくなっていた。女性の髪はふたたび金髪縦ロールに戻り、スカートは最初の頃よりもさらに短いマイクロミニになった。男性の方は、目がうつろになり、白髪が急にふえていた」。

ひと月刻みのドキュメント、まるで定点観察のような、髪型とスカート丈にしぼった正確な記述、すばらしい限りである。しかも、金髪縦ロールと度を超えたミニは、ある種の連動がある。一人になった、あるいは一人でいる女性の矜持のあらわれか。それに比べて男性の「白髪が急にふえた」はいただけない。事実かどうかは別にして、あまりに物悲しさがあふれている。一工夫欲しいところであった。この結末に、川上は最後にこう書く。「二人の今後の幸せを祈りつつ、そっと手のひらをあわせる」。ところが、これで終わりではないのである。「バスのカップル（元）を、引き続き観察。／男性の髪が、明るい茶色のリーゼントになっている。／それから、スーツのズボンがだぼだぼしたものになっている。／あと、手首にじゃらじゃらと金色の鎖がまかれている」。川上の解釈によれば、この男性の変化はどうも方向違いらしい。おじさんの変化は「ヤ方面」へのそれらしいが、女性の好みは「ゴス方面」でなければいけないそうだ。「ゴス方面」という言い方で何を言っているのか解らないが、それは無視して、今度は女性の変化の記述。「女性の方は、十五センチほどのヒールの編み上げブーツに、真っ黒いエプロンのついた超ミニワンピース、黒い網のストッキング、二ヵ月ほど前のしょんぼりした感じは払拭され、のびのびとした表情で、バス停の前に群がるすずめを、足蹴にしていた」。しびれました。バス停ですずめを足蹴にする、見事である。しかし、この後日譚がある。それがこの話の最初に紹介した、「あとがき」での「ちなみに、近所のカップルは、結局今も復縁していません」である。

川上弘美の日記のどこがすごいのか。私はこれまで日本の日記は私小説の極北であると思ってきた。

とくかく湿気を含んでいなければならない。質はともかく、内省がないといけない。表現の空間は閉じていなければならない。時間は現在だけでは失格で、過去や未来にペシミスティックに飛ばなければならない。こうした私の日記の定義は、完全に否定された。日記は面白くないといけない。それは極上のエンターテインメントなのである。日記は対象をしぼって、長期にわたる定点観察を必要とする。それは言葉によるドキュメンタリーでなければならない。内面を書くことはタブーである。内面は思い切ってすずめにくれてやる。徹底的に外の出来事を、それとの関わりを、書かなければならない。今は亡き映画監督浦山桐郎が小栗康平に語った言葉ではないが、あのカップルの話のように、「哀切ではなく痛切」を描かなければならない。

†

かくして私の定義についての考え方は一変した。武谷、アラン、鶴見、大江と来て、最後に川上弘美によって、私は今定義の空白を生きている。たまたま新聞を読んでいた、愛する真子に以上のような話をすると、面白い答えが返ってきた。「何を言っていますか。私は手づくりの定義を日々実践していますよ。公務員の定年が六五歳まで延びそうだという新聞記事を見て、定年延長の定義をさっそく考えたところでした」。それはどんな定義なのか。「後六〇〇回の、白髪との合計六〇万円の戦い。あなた、笑ってられないわよ」。どうしてですか。「あなたも後六〇〇回、髪染めで汚れた私の首を拭かなければならないのですから。あなたはその時八五歳よ」。定年までの彼女の残り時間を毎週一回のヘアマニュキュアの使用から計算したそうだ。なるほど、定年延長は多方面に影響がある。しかし、それは新聞では触れられていなかった。

翌日、朝、いつものように玄関で彼女を見送った。あれ、超ミニではないが、ミニのワンピースを着た、黒髪縦ロールじゃないか。

八　かくも美しい天ぷらたち、生のまばゆいまでの花咲く光景

机の上に一枚の古い講演資料がある。二〇〇六年一〇月二八日「福岡父母懇談会」で配布したものである。資料とあるが、新聞のコピーである。朝日新聞の「愛の旅人」シリーズの一つ、織田作之助の『夫婦善哉』の特集記事。こちらの日付は同じ年の七月二九日となっている。大阪ミナミの黒門市場で取材し、記事にしたものとのこと。大きな文字で、「男に尽くす心が仇に」という見出し語が踊っている。黒門市場に住み着いた柳吉と蝶子の物語である。私はこの時の講演において、「日常の中の哲学」というタイトルでそれに触れた。といっても、織田作の『夫婦善哉』について話したわけではない。そうではなく、私が取り上げたのは、黒門市場の天ぷら屋さんである。織田作之助そのひとでも柳吉と蝶子の物語でもなく、なぜ天ぷら屋さんだったのか。なぜ、私は、幾何学的に並べられた天ぷらたちを見て美しいと思ったのか。

†

それはショックから始まった。カラー刷りの新聞記事を見て、名状し難い気分になった。驚き、衝撃、感嘆、溜息、痙攣、そして笑い。圧倒的であった。上段左端から順に、さつまいも(九〇円)、クジラ(一〇〇円)、大えび(二〇〇円)、あなご(値段表示なし、当店名物)、はも(二〇〇円、本日の特價品)、いわし(九〇円)、コロッケ(八〇円)、ごぼう(九〇円)。アルミ製の入れ物にきれいに並べられている。お客さんから見やすいようにやや傾けて置かれたそれらは、見事なものであった。今度は、下段左端から順に、いか足(九〇円)、いか(九〇円)、紅しょうが(九〇円)、ちくわ(九〇円)、なすび(九〇円)、ウインナー(一〇〇円)、じゃがいも(九〇円)、よせあげ(九〇円)、れんこん(九〇円)、かぼちゃ(九〇円)、さんど豆(九〇円)、玉ねぎ(九〇円)。そして、さらにその下に一盛四〇〇円の盛り合わせが並ぶ。私は便宜的に「円」をつけたが、正確には、手書きの数字のみである。これで天ぷらのすべて。そして、やや左に寄ったところにおばちゃんの素晴らしい笑顔。ちょうど「大えび」の上である。明るく元気な表情、胸の大きく空いた服、目はほとんど一直線。ここには、生活の中で鍛えられた美しさがあった。

私は心の底からしびれ、美しいと思った。普通は、天ぷらに「たち」をつけない。しかし、今回は、つけさせていただきます。ただ、一つだけ文句を言いたい。たこの天ぷらがない。たこ好きからすると、残念至極である。なぜ、これほど、一つひとつの天ぷらを、それも値段までつけて枚挙したのか。一つとして落とすのは、天ぷらたちへの冒涜と考えたからである。それほど私は、これらの天ぷらたちの美に圧倒された。これを講演のテーマとしたのは、いわばそこに運命のようなものを感じたからである。どうしても話さなければならない。それゆえ、講演で話す内容はすぐに決まった。何度も繰り返すことになるが、すなわち、なぜ、私はこの新聞の写真を見て美しいと思ったか。ところが、本番が近づくにつれ、答えが遠ざかっていく。答えが出てこないのである。やがて、その日がやってきた。朝、博多行きの新幹線の中で、苦しみは頂点に達し、その後のことはよく覚えていない。混迷、そして錯乱である。本番は、次のように行われた。問題、「幾何学的に並べられた天ぷらたちは、なぜ、かくも美しいのか」。解答、「わかりません」。言うまでもなく、その夜、私の姿は福岡にはなかった。

講演での失敗はほかにもある。これは福岡から時間はたっているが、今度は金沢である。この時も、同じ文学部・社会学部合同の父母会でのことだったが、止めればいいのに、せっかくの金沢だからというので、その地にゆかりのあるものをと、吉田健一の『金沢』（講談社文芸文庫）を選んだ。初めから成算があったわけではない。しかもこの作品は難解をもって知られている難物で、私自身これまで何度となく読解に失敗し続けているものでもあった。この機会を逃すと、『金沢』について話したり書いたりすることは二度とないと思われた。これが間違いのもとであった。いくら読んでも、いくら考えても、どう話してよいか解らない。補助線をいろいろ引いて、何とか入り口を見つけたいと試みたが、ごく短時間の話しかできない。まるで講演にならない。この時も苦悩は、ＪＲ北陸線にまで及んだ。結局直前に映画の話に切り換え、何とかお茶を濁したが、アンケートの結果は悲惨の一言。一時的に記憶を失う。後日の会議で回覧されたその資料を見た、或る同僚の女性は、バカみたいな私の顔を、まるでいたいけな子どもでもながめるかのように、名状し難い同情とともに見つめていた。忘れたい過去の一つである。結局、金沢の夜も私の姿はなかった。

なぜこんなことになったのか。最初の福岡での失敗が教訓になっていないではないか。実は、最初の失敗を挽回する機会が、失敗の翌年、二〇〇七年に訪れていたのである。二年続けて福岡の同じ会場で講演することになった私は、この間、あの話の答えを既に用意してあったこともあり、新幹線では別のことを考えながら、おにぎりを三個も食べた。幾何学的に並べられた、天ぷらたちは、なぜかくも美しいのか。今度は、その解答とともに最後まで話した。講演の後、感激した父母たちに、三度目の福岡来訪を約束して、さっそうと京都に戻った。帰りの新幹線では、ビールを飲みながら、すこし高価な幕の内弁当を食べた。これがいけなかった。これが金沢の悪夢を引き起こす引き金になった。成功は、失敗のもとである。

†

本題に戻ろう。なぜ、天ぷらたちはかくも美しいのか。最初の福岡での講演の失敗の後、たまたま或る映画を見た。ジャ・ジャンクー（賈樟柯）の『長江哀歌』である。二〇〇六年のベネチア国際映画祭の審査委員長であった、あのカトリーヌ・ドヌーヴが「これは私たちにとって特別な映画です」と叫んだ、彼の傑作である。この映画は、私にとっても特別なものとなった。というのも、この映画の中に、私の求めていた答えがあったからである。彼の映画は、京都みなみ会館での深夜映画の特集などで、以前から見てはいた。例えば、『一瞬の夢』（一九九八年）、『プラットホーム』（二〇〇〇年）、『青の稲妻』（二〇〇二年）、『世界』（二〇〇四年）などである。どれも素晴らしい作品である。『プラットホーム』以降コンビを組んだ、ジャ・ジャンクーのミューズ、チャオ・タオも素晴らしい。しかし、だからといって、あの問いに対する答えが『長江哀歌』の中にあると、予め解っていたわけではない。偶然である。

面白いことに、この映画は三つのタイトル名をもっている。まず既にあげた、「哀歌」をエレジーと読ませる『長江哀歌』、次に英語のタイトル『スティル・ライフ』、すなわち「静物」、そして中国語名の『山峡好人』である。それぞれ理由はあるが、最後のものは特に重要である。この題名には、見逃すわけにはいかない「歴史」がある。隠されたテーマとも言える、ブレヒトの或る作品と、ジャ・ジャンクーとを結びつける歴史、第二次大戦下のドイツと現代の中国とをつなぐ深い歴史的教訓がある。考えてみれば、あの新聞記事が伝えるように、「路地の入り口で子ども相手に一個一銭の天ぷらを揚げて売る店の描写で始まる」、あの柳吉と蝶子の物語の時代は、一九二〇年前後であった。こちらは第一次大戦の頃の時代ではあるが、いずれも世界戦争を背景にもっている。一方は経済発展によって急速に変わりつつある現代中国を象徴する、四川省の古都「奉節」（フォンジェ）を、他方は大震災後一時人口においても東京をしのいだあの「大大阪」、大阪を舞台とする。食の都、大阪に関しては、食い物は牛蒡、蓮根、芋、三ッ葉、蒟蒻、紅生姜、鰯、鰯、そして、柳吉と蝶子が痴話げんかの後、「どや、なんぞ、うまいもん食いに行こか」と出掛けてゆくミナミの店は、皮鯨汁の「しる市」、まむしの「出雲屋」、たこの「たこ梅」、関東煮の「正弁丹吾亭」等々。食い倒れ大阪の濃厚な雰囲気が今にも立ち昇ってきそうである。

では、ジャ・ジャンクーの描く、「奉節」はどうであろうか。ジャ・ジャンクーの映画では、四つの嗜好品、「烟」(タバコ)、「酒」、「茶」、そして「糖」(アメ)の四品が映画の四つのパートを構成する。この四品は、古来より中国の人々の生活の大切な要素であり続けている。これらはいずれも、この若き監督の言葉によれば、「とても素朴な形で普通の人々に喜びと幸福をもたらす」とされる。私たちは、この映画の中で、ウサギ印の飴が貧しい労働者同士のよしみをつなぐ便利な道具として使われているのを見ることができる。また、せつなくも美しい、苦難の果て、探し続けた夫が現れた妻と再会するシーンで、この飴が果たす役割を見れば、それが人々の幸福や喜びと深く結びついていることを容易に感じ取ることができるだろう。他方で、私たちはまた、この映画の中で、お茶が恋愛結婚のすえ結ばれた若き夫婦の別れの象徴として使われているのを目撃することになる。そして、たばこの煙は、貧しい出稼ぎの人々の、これも貧しい食事の後の楽しみであり、小さな寝台で眠る前のささやかな嗜みなのである。部屋をおおう、もうもうと立ち昇る紫煙、煙があまりにひどいので、人々の表情は見えない。時空を超えて、二つの物語が、私の問いの中で一瞬交差する。一瞬の夢である。

†

大阪と上海は近い。日本と中国は近いのである。そして、私の中ではフォンジェでさえそう遠くはない。ジャ・ジャンクーは、すぐ近くにいる。答えを提示する前に、『長江哀歌』に簡単に触れよう。先に少し触れたように、この映画は二組の男女の物語である。一組は、売買婚による結婚。男が女をお金で買い、自分の妻にする。非合法ながら、現在も流通する婚姻の形である。男女が結びついて夫婦になる。どんな形であれ、男と女のエロス的身体の幻想が家庭を作ることには変わりはない。いわゆる「対幻想」の世界である。やがて、子どもが生まれる。ここまでは、始まりは違っても、どこにでもある男女の愛の物語である。しかし、突然の暗転。妻は一六年前、出稼ぎで家を離れたままの夫に内緒で、子どもを連れて家を出る。或る日、夫は妻を探すために、妻の故郷フォンジェへと向かう。乗り合いのバイクに乗り、恐ろしくも、悲しいまでに、美しい、古都の風景に見とれながらも、汚れたランニングシャツを身につけた夫サンミンの眼は突然消えた妻の姿を追う。なぜ、彼女は家を出たのか。なぜ、私に知らせないのか。なぜ、一六年なのか。おそらくサンミンは、それこそ数千もの夜と昼、自問自答してきたことだろう。やがて、苦労と苦難を重ねた末、夫は妻の暮らす場所に辿り着く。探し出した妻は違法の売買婚をとがめられ、夫の知らぬまに、姿を消した。そこにさらに過酷な運命が舞い込む。実家の兄の借金三万元のかたに、他の男に愛人として売られることになるのである。二人が初めて会う場面は言葉もない。上野昂志の卓抜な言葉を借りれば、「一方、ハン・サンミンは、河辺の掘っ立て小屋の脇のテーブルで妻のヤオメイと向かい合う。そのとき、妻が最初に口にするのが、『麺を買ってこようか』という言葉なのだ」[*1]。麺は、この二人が一緒に暮らしていたとき、いつも朝に食べていたものである。時を隔てても、麺を用意しようとする妻の言葉は重い。生活をともにするということは、一緒に何かをするということの連続である。それが時間の中で途絶えても、密かに続いていることの悲しさと喜び。「麺を買ってこようか」という言葉は、この二人のともに生きることの連続性の象徴である。垂直的に切り取られたとてつもないショット、壊れかけのビルの一角で、サンミンとヤオメイが話し合うシーンは忘れ難い。膝づめでまっすぐに向かい合う二人の向こうに、フォンジェの街並みが見える。あなたに何かひどいことをしましたか。つらいことをさせましたか。いいえ、あなたはやさしくしてくれました。よくしてもらいました。会話の中で、サンミンは決意する。稼ぎになる危険な炭坑で働こう、と。そして、彼は、その稼ぎをもって、再びこの古都を訪れるだろう。沈黙の言葉で交わされた、二つの身体による神話的約束の後、静かなサヨナラがやって来る。「イキテ、マタキマス」、「イキテ、マッテマス」。

もう一組は、恋愛結婚で結ばれた、あのジャ・ジャンクーのミューズ、チャオ・タオが演じた、看護師の妻と、工場で働く夫との組み合わせ。生活の事情から夫は家を出て、フォンジェに出稼ぎに出た。

フォンジェでは、巨大なダム建設事業のため、街全体が長江の水底に沈むほどの大規模な破壊と建設が際限もなく続けられている。仕事を求め、農村から男たちがやって来る。お金が産み出す大きな力が働き、女たちはこの古都で動き回る。二年余りの行方知らずの夫との出会いは、妻を深く絶望させる。ここでもまた、上野昂志の、私にはない、すぐれた観察の言葉を借りると、次のようになる。「事務所の廊下に立って、どうしたという夫の問いかけに無言のまま立つシェン・ホン。絶妙なのは、その二人の間の距離である。そして、それは、そのあとの河を背にしたショットでも、いったん抱き合った二人が、そのままダンスのステップを踏み、離れ、建設中のダムの傍らで向き合い、シェン・ホンから別れの言葉が告げられるまで、微妙な起伏をもって示される。この距離が、言葉にならない彼らそれぞれの想いを語っているのである[*2]」。

この若い夫婦の間の距離を作り出したものは、現代中国社会を根底から変えつつある資本の運動であろう。ダンスへと誘う夫の軽薄な身振りは、この資本の運動の中で、まるで別の金持ち女に囲われた現在の自分の立場を裏書きするかのようである。そして、ステップの最中、腰をわずかにずらした妻は、破壊と建設が同じ速度で進む、この千年の古都の底知れない虚無へと沈んでゆくかのようである。しかし、この二人の間の距離は、広く現代中国社会全体をおおう人々の間の「距離」でもあろう。「わたし

＊1　上野昂志「かくも豊穣なる世界」『長江哀歌』パンフレット所収（ビターズ・エンド）、東宝㈱出版、七頁。
＊2　同書。

には好きな男性がいます」。かくして、別れがやって来る。しかし、新しい好きなひとなどどこにもいない。続きのないサヨナラである。それでも、上野昂志が言うように、「見終わったとき、世界はかくも多様で豊穣であったか、という感嘆に似た想いが、胸にこみ上げてくる」。しかし、それはどうしてなのだろうか。なぜ、このジャ・ジャンクーによって描かれた世界が「かくも豊穣なる世界」なのだろうか。

†

以上の問いは、最初の私の天ぷらたちへの問いと重なる。ここでもまた、すぐれた知性は時空を超えて飛ぶ。人々は、資本主義という西洋近代の発明品にまるでその仕組みも構造も機能も知らないまま翻弄され、この巨大な悪魔の手のひらで時間を忘れて踊っている。それが今、半世紀以上隔てて、最初の亡命地デンマークでブレヒトによって、貧しい娼婦の嘆きの声として語られた、あの資本制システムが産み出す根本的矛盾と共振する。ブレヒトの中国四川の首都を舞台にした「ゼチュアンの善人」(一九三八―四〇年)への六〇年後の解答として作られたこの映画は、私たちを深い歴史的省察へと誘う。[*3] それにしても、別れの場面での、新しい生活に踏み出すチャオ・タオのあの「悲哀」と「絶望」は、映画館の暗闇を超えて、忘れ難いものとしていつまでも残り続けるだろう。私に、この映画の深さを教え、ブレヒトの戯曲を手に取らせたのは、中国文学者藤井省三である。彼は次のように言う。「ところでドイツの劇作家ブレヒト（一八九八―一九五六）は、第二次世界大戦中の一九四一年に亡命先で寓意劇『セチュアンの善人』を書き上げ、庶民が欲望に翻弄されて善良には行きがたい資本主義社会の構造を描いた。その舞台では善良すぎて自分も貧乏人仲間も救えないヒロインの娼婦シェン・テが『わからない、どうしていいか、他人にもいい人間で／自分にもいい人間であるには……ああ、あなた方の世の中はむずかしい！　苦しみが多すぎ、絶望が多すぎる！』と嘆く（加藤衛訳〈ブレヒト戯曲全集〉第三巻、白水社、一九六二年、二六八頁）[*4]。

私が手にしているブレヒトの戯曲は訳者が異なり、出版社も未来社のものである。タイトルも「ゼチユアンの善人」であるが、ここでは特にこだわらないことにする。娼婦シェン・テの言葉、「他人にもいい人間である」ことと「自分にもいい人間である」こととは、なぜ同じにならないのか。この貧しい娼婦と同様に、われわれにも解らない。確かに、世の中は難しい。しかし、それでもなおわれわれは、資本制のシステムが「私と他人との間」の深淵を作り出すものとしてあることに留意する必要がある。ブレヒトの視線が向かうのは、この社会の仕組みを生み出す資本の運動なのである。シェン・テの「苦

＊3　ベルトルト・ブレヒト「ゼチュアンの善人」『ブレヒト戯曲全集』第五巻（岩渕達治訳）所収、一九九九年、未来社。

＊4　藤井省三「映画『長江哀歌』に見る現代中国」『長江哀歌』パンフレット所収（ビターズ・エンド）、東宝㈱出版、二一頁。

しみ」と「絶望」を、そしてまた難しい「あなた方の世の中」を生きる、この「私たち」は、こうした自他の間の善悪の矛盾の問題をどのように解くのか。藤井省三は、次のように続ける。「この作品は中国の架空の土地の首都を舞台としており、ドイツ語の「セチュアン」は四川省の当て字とも読めるため、中国ではこの戯曲を「四川好人」と訳している。賈樟柯の『山峡好人（原題）』はまさにダム開発ブームで欲望渦巻く四川省に生きる善人を描いた映画である。売買婚も借金のための愛人も、黒社会の出入りも闇炭坑での採炭もすべて違法と知りながら、妻を買い戻す決断を下す三明は、大戦期の亡命者ブレヒトに対する高度経済成長期中国の賈樟柯の回答なのかも知れない。そして新しい恋という嘘、あるいは希望で以てひとまず恋愛結婚を終わらせる沈紅も、主体的に生きようとする善人なのであろう」[*5]。

†

簡単に、ブレヒトの戯曲に触れると、始まりの場所は中国四川の首都の通りである。時は夕暮れ、そこに、この舞台の狂言まわしでもある「水売りのワン」が登場する。王の最初の言葉。「おらあこの四川の首都で水売りをやっている王と申します。儲にならねえ商売で、水が足りない時は遠くまで汲みにいかなきゃならない。だけど余分にあるときは商売あがったりだ。この町じゃどこを見ても貧乏ばかり、救って下さるのは神様ばかり、とみんな言ってまさあ。ところがなんとまあ嬉しいことに、諸国を遍歴している博労から耳寄りの話を聞いたんだ。一番偉い神様がどなたかその世の旅に出られて、この四川にもお越しになると考えてもいいというんだ。人々のたくさんの嘆きが天まで届いたんで神様たちも安心していられなくなったてんだ。そこでおらあ、二三日前から特に夕方を狙って街角に立って待ってるってわけだ。……」[*6]。ワンの「自己紹介」の言葉はもう少し続くが、これらの言葉だけでこの戯曲のあらましは解る。今、水売りのワンは、四川の首都の街角で神様たちを待っている。なぜか。彼らが善人を見つけ、救いをもたらすためにやって来るからである。ワンの魂胆は、それにあやかろうというわけである。ところが、ここ四川では、彼らが泊まる宿の提供さえない。この事態に、神二は言う。神を恐れる人間はもういないのではないか。しかし、神一は、善人は見つかるかもしれないのだから、諦めてはいけないと反論する。そこで神三は、改めて自分たちの使命を確認する。「わしらの決議はこうだった。人間にふさわしい生活を立派に送っていける善人がある程度見つかれば、この世界はいまのままの形で残しておいていいことにする、そうだったな。あの水売りだって、結構善人といえるだろ、わしの目に狂いがなければ」[*7]。ところが、神三の目は節穴であることがすぐさま判明する。ワンは二重底の枡を使っていたのである。それを見て、神一は次のように言う。「よし、奴を善人から外そう。一人ぐらい悪に染まってるからって、どうということはない。条件を満たす善人はきっと十分に見つかるさ。誰

*5　同書。
*6　ブレヒト、前掲書、一二三頁。
*7　同書、一二六頁。

か見つけないといかん！　二千年も前から世界はこのままじゃいけない、こんな世界では善人でいられない、という声があがっている。いまこそわしらは、われらの掟を守ることのできる人々の所在を明らかにしなくてはならないのだ」[*8]。しかし、この善人探しは困難をきわめる。その中で、神様たちが白羽の矢を立てたのが貧しい娼婦のシェン・テ（沈徳）である。

神様に宿を頼まれたシェン・テは、次のように言う。「神様方でいらっしゃいますか？　私は沈徳と申します。うちの部屋でいいとおっしゃって下さればほんとに嬉しいんですけど」[*9]。一晩たって、翌日、別れの時、神様とシェン・テとの間で善人をめぐるやり取りがある。神様は彼女を善人とみなすが、沈徳は自分をそうは思っていない。彼女は昨晩の泊めることを迷ったという。それに対して、神一は言う。迷ってもそれに打ち克てばよい。彼女はそうしたでないか。面白いことに、神々の間には、「そもそも善人などもう存在しないのではないかと疑い出している者がいる」とのこと、だからこそそれを確かめるために旅をしているとのことである。その結果、沈徳という一人の善人を見つけ出した。それに対する沈徳の叫びは切実である。「待ってください、神様！　私、善人なんて自信はないんです。なりたいとは思いますが、善人でいたらどうやって家賃を払えるでしょう？　もう白状してしまいます、実は私は生きるために身体を売っているんです。そんなことまでしてもやっていけません、同じことをしなくちゃならない競争相手がたくさんいるからです。私、生きるためならどんなことでもやってしまうわ、でも、誰だってそうするでしょ？　そりゃあもちろん、親孝行とか正直とかという掟をまもって生きていけたらどんなに幸せでしょう。隣りの人の家を羨やんでほしがったりしないでいられれば嬉しいわ。頼りにできる夫に仕えられたらなんて素晴らしいでしょう。私だって人を利用なんてしたくありませんし困っている人から奪いとったりしたくないの。でも、どうしたらこういうことをしないですむの？ ほんの二つ三つの掟を守ろうとするだけでもとてもやっていけなくなってしまうのです」[*10]。沈徳の不安や嘆きや諦めに対して、神様たちの残した言葉はこうである。迷いがあるのは、彼女が善人であるがゆえである。結局、神様は沈徳に宿泊代として千両ものお金を支払い、立ち去った。彼女はそのお金で煙草屋を買い取り、そこで暮らし始める。しかし、問題は沈徳のその後の生活である。神様の言うように、彼女は「善人として」生きてゆくことは可能なのだろうか。

神様たちが沈徳に残した言葉は、「何よりも善人であれ」というものである。しかし、この言葉は彼女をさらに苦しめることになるのではないか。いろいろ経緯はあるが、結局、最後の最後に彼女の嘆きが爆発することになる。実はこの作品にはもう一人決定的に重要な人物がいる。それは、シェン・テの従兄弟のシュイ・タ（崔達）である。この煙草卸商は掟を守り法に則り常に従姉妹の沈徳を守り、その生活の維持につとめた人物である。そのシュイ・タに対して店の乗っ取りと沈徳殺しの告発がなされた。

＊8　同書、一二六―一二七頁。
＊9　同書、一三二頁。
＊10　同書。

そこで、神様の出席の立ち会いのもとで法廷が開かれる。街の有力者たちは「法を守り」、「施設や障害者のホームなどに多額の寄付」をし、「掟を重んじる立派な方」だと彼の弁護にまわり、反対に、虐げられた者、貧しき者、失業者たち、若い娼婦たち、要は「町のクズども」と言われている人々はこのいかがわしい男に対して口々に罵りの声をあげる。この男、シェン・テの従兄弟シュイ・タは、「嘘つきです、詐欺師です、人殺しです、悪人です、弱い者を搾取した」、と。紛糾の中、シュイ・タは法廷から人払いを要求し、神様の前で告白する。神二は言う、「我らの四川の善人沈徳をどうしたのかね?」。シュイ・タは言う、「恐ろしい事実を告白させてください、その善人は私なのです!」。仮面を取り、衣装の下から現われたのは、沈徳である。沈徳は神二の絶叫を前にして次のように言う。「そうです、私です、崔達と沈徳。どちらも私です。／善人のままでいて生きろという／貴方たちの厳しいご命令が／私を稲妻のようにまっぷたつに引き裂いたのです。私には／他人にも同時にいい人でありながら／自分を善人で通すことなどできませんでした。／自分も他人も同時に救うことは難しすぎることでした。／ああ、神様の創ったこの世は難しすぎます！　困難や絶望が多すぎる！／……」[*11]。このようなシェン・テの嘆きは、藤井も触れていたように、神様の命令「善人として生きよ」と、それが逆に「悪人である自分」を招き寄せることになるという善悪の矛盾に触れた、この劇の主題をなす個所である。神様の言うように、善人として、「隣人を助け、恋人を愛し、小さな息子に貧しい思いをさせないためには」、悪人であるしかないのである。それゆえ、「自分にいい人間」でいることと、同時に「他人にもいい人間でいる」ことは両立しないのである。しかし、神様は沈徳にはそれが可能であると言う。なぜなら、沈徳は、善にも悪にも振れる人々、善悪にまみれた、「人々」の中で「暮らし続ける善人」だからである。それゆえ、このわれわれの中で「暮らし続ける善人」という考えは、自分にも他人にも善きひとであること、自己の優先か他者の優先かという「世の中」の仕組みを超えて、あるいはその根底において、すべてにおいて善人であることのぎりぎりの可能性への問いでもある。

しかし、ブレヒトの「ゼチュアンの善人」は単なる絶望の物語ではない。なるほど、資本の運動によって支配されるこの世界において、沈徳の叫びや嘆きは善の不可能性のそれに見えるかもしれない。けれども、ユーモアのない国では生きられない、とうそぶくブレヒトがいる。また、ナチス・ドイツから亡命するに際して、ドイツにもっとも近いデンマーク領スヴェンボルを選び、アメ車フォードの前で大胆不敵な面構えで写真をとるブレヒトがいる。こうしたブレヒトは、「ゼチュアンの善人」においても、沈徳と神様の別れの場面で素敵なやり取りを残している。彼女は、善人として生きよと命ずる神様に対して、「でも私には従兄弟が要るんです」と答える。この言葉に、神一は、「たびたびはいかんぞ！」。沈徳、「少なくとも週に一度！」。再び、神一、「月に一度で十分だ！」。そう言って、神様は旅立つ。既に明らかであるが、沈徳とその従兄弟崔達は同一人物であった。善と悪を、我が身において、資本制の

＊11　同書、二四六頁。

システムの汚辱にまみれた「世の中」の矛盾として体現する沈徳のユーモアがここにある。沈徳の茶目っ気を前にして、私もまた彼女に、神様の意向とは別に、間をとって「月に二度」程度の悪を認めてあげてもいいのではないかと思わざるを得ない。このユーモアがある限りで、「人々の中で暮らし続ける善人」は世界の途方もない変化とは別に、生き延びていくだろう。ちょうど、『長江哀歌』や黒門市場の人々のように。

†

そろそろ、講演の答えを出さなければならない。『長江哀歌』の映画パンフレットに、先に少しだけ触れた乗り合いバイクのシーンの右側に、ジャ・ジャンクーの言葉が載っている。「たまたま人の部屋に入って、埃まみれになっている机の上の物を見ました。その時、突然、静物の秘密を垣間見た気がしたのです。古い家具、机の上の文房具、窓枠に置かれた瓶、壁の飾り。すべてが詩情に満ちた哀しみをまとっている。静物は、私たちが見過ごしてきた現実を象徴している。時は静物の上に深い痕跡を残すけれど、静物はただ黙って、人生の秘密を湛えています」。文中の「静物」という語は、重要である。絵画でよく使われる語であり、この映画の英語のタイトル名でもある「スティル・ライフ」。死んだ物を意味する言葉である。なぜ、この言葉が使われたのか。文中の「時は静物の上に深い痕跡を残すけれど、静物はただ黙って、人生の秘密を湛えています」、この一節の深い意味を考えると、答えが出てくる。物は単なる物ではない。それは、「人生の秘密を湛えている」のである。家具でも文房具でも瓶でも壁の飾りでも。腐りかけの林檎でも鳴らなくなった目覚まし時計でもレンズのない眼鏡でも空になったインク瓶でも。そこに生活の中で昨日も今日も明日も繰り返され現われては消えてゆくあの「人生の秘密」が、そこに悲しみや喜びが、そこに怒りや嘆きが、そこに苦悩や不安が、そこに恐怖や落胆が、そしてそこに生の叫びと囁きが、凝縮されているのである。

ジャ・ジャンクーの言葉はさらに続く。「『長江哀歌』は、長江の古都、奉節で撮影されました。三峡ダムのプロジェクトによって、この地に巨大な変化がおこっています。何世代もここに住み続けてきた数限りない家族が移住を強いられています。二千年の歴史ある奉節は、打ち壊され、永遠に水に沈むのです。／私はカメラを携えて、この死刑宣告された街に入り、破壊と爆破を目撃しました。耳をつんざく騒音と舞いあがる埃の中で、私はしだいに悟っていきました」。そして、それに続く最後の一節、私が映画を見ながら、言葉ならぬ言葉で、映像の全体で圧倒的な力によって感じさせられた、あの言葉たち。それは、私が一年越しに求め続けた、あの天ぷらたちの美の謎の解明へと至る周到に用意された言葉のつらなりである。すなわち、「これほど絶望に満ちた場所でさえ、「生」はまばゆいまでに色鮮やかに花咲くのだ、と」。この「生」のまばゆいまでに花咲く光景、そこにこそ上野昂志がいう「かくも豊穣なる世界」がある。

答えは明らかである。なぜ、幾何学的に並べられた天ぷらたちはかくも美しいのか。そこにあるのは、間違いなく、人生のまばゆいまでに花咲く光景にほかならないからである。見方を変えれば、この「生」の花咲く光景は、あのブレヒトによって描かれた、「ゼチュアンの善人」たちが懸命に善悪の矛盾を生きる日常の中の一つひとつの場面につながってゆく。ジャ・ジャンクーの映画の中に沈徳が突然現れ、サンミン（三明）と、またシェン・ホン（沈紅）と会話を交わしたとしても、何ら不思議ではないだろう。それにしても、沈徳といい、沈紅といい、何と美しい名前だろう。美しいとは、常識とはまったく異なる意味において特別なことではない。それは日々の生活の中にある。反復の中にある。時の中にある。沈黙の物たちとの身体の行為的交換の中にある。例えば、それが結晶としての天ぷらたちなのである。例えば、それが一六年ぶりに会った夫婦のごくありふれた会話なのである。「麺を買ってきましょうか」。「いや、お腹はすいていない」。われわれを深いところで動かす、これらの言葉、ごくありふれた日常の中の言葉。それらは、私を私の日常の世界へと連れ戻す。朝、愛する真子が言う、「パン焼きましょうか」。「いや、麺にしてください」。彼女はもちろん私の愚かさを熟知している。それゆえ、私がまた新しい病にかかったとすぐさま気づいた。続いて私は言う、「下着はこれからランニングシャツにします」。「タンクトップのことですか」。

われわれが日々懸命に生きるこの現実をどう描くか。それは映画だけではなく、さまざまなものによって描かれる。現代の社会の問題にしても、社会科学者ならば都市と地方の格差の問題とか、富の配分をめぐってあらたに生じつつある経済的格差の問題とかを取り上げるが、そのような取り上げ方は文学者や映画作家なりが取り上げる仕方とは当然違うはずである。それでは、ジャ・ジャンクーの描く現実とはどういうものだろうか。彼は明確に語っている。「私は社会科学者ではないので、個人個人が渦の中でどういうふうに喘いでいるかを描きたい。そういう映画を撮りたい」。では、私は何を書きたいのか。『日常の中の哲学』という作品に課せられた重い問いである。今度は、その問いへの答えを出さなければならないだろう。

九　二つの底の底

――良心とコミュニケーション――

単調な生活にあって、デパートと並んで、映画館と書店は私の数少ない娯楽の場所である。そこに図書館もつけ加えたいところだが、残念ながらそこはもはや始終行きたくなる場所ではなくなった。とはいっても、月に一度は必ずそこですることがある。勤務先の図書館で雑誌の類いを読み、面白そうなもののいくつかをコピーする作業である。中学生や高校生の頃であれば、本を眺めているだけで何時間も過ごせた場所だが、今はもうそうはいかない。あわただしいばかりで、そこはもはやのんびり過ごす場所ではない。懐かしいですね、高校生の頃の誰もいない森の中の図書館。

『新潮』(二〇一六年七月号)に掲載された、加藤典洋の「死に臨んで彼が考えたこと――三年後のソクラテス考」を読んだのは、やはり勤務先の図書館であった。一読して、記憶に残った。私が死について考えていたからではない。この論考が「底」と見られた良心のさらにその「底」をたぐり寄せ、それを外へ開いたことに興味を覚えたからである。この論考は、後に『言葉の降る日』(岩波書店)でまた読み直すことになる。

これとは別に、ずっと考えていたことがある。ダルデンヌ兄弟の『息子のまなざし』（二〇〇二年）である。私にとっては忘れ難い映画であった。この作品のパンフレットで見た、宮台真司の言葉とともに、繰り返し思い起こしてきた。「コミュニケーションから存在へ」、この言葉で記憶している内容を書かなければならない。記憶はつながっているが、作業はつながらない。しかし、それが加藤の論考と結びつき、今度は「二つの底の底」という言葉として繰り返し浮上してくることになる。底といっても、それで終わりということではない。「底の底」は別のところへの開けなのである。最後の底は底なしであり、むしろ外部へと開かれている。加藤の言う「底」は良心ではなく、もはやその原義の「知ること＝ともに知ること」から遠い、「笛の音」や「ダイモンの声」によって開かれてくる、もはや「知」ならざる「小さいひと」や「乏しいひと」の自覚である。しかし、問題は、この自覚が何を意味しているかである。

他方、宮台の場合、一見したところ、底と思われたコミュニケーションは実はその不可能性を自らのうちに孕んでいる。ディスコミュニケーションの問題である。言い換えれば、コミュニケーションの可能性の現実化はそれ自身の不可能性であるところのディスコミュニケーションの露呈をもたらす。いわば、話せば話すほど通じないのである。理解しようとすればするほど理解できないのである。ここでも問題は、この不可能性が開く、もう一つの底である。宮台はそれを「存在」という言葉で呼び、そこにミメーシス、すなわち模倣、感染を見る。すなわち、「理解と納得ではなく、ミメーシス」が問題なのである。しかし、この「底の底」は自分自身のうちに根拠をもつだろうか。もたない。というのも、それもまた何かの模倣であり、外部を必要とするからである。それゆえ、ミメーシスもまたそれ自身の外へとつながっている。では、この「何か」、すなわち、「外」とは何か。

二つの「底の底」が根拠をもたないこと、「良心」や「存在」が外部をもつこと、それをどう考えるべきか。言うまでもなく、手がかりは、加藤典洋のソクラテスの死をめぐる論考と、宮台真司のダルデンヌ兄弟の『息子のまなざし』をめぐる考察である。予め私自身の向かう先を示唆しておくならば、「底の底」が開かれてゆく先は、アーレントの言う「人と人との間としての世界」なのではないか。

†

加藤典洋のソクラテスの死についての論考は、奇妙な副題をもつ。改めてタイトルを示すと、それは「死に臨んで彼が考えたこと――三年後のソクラテス考」である。「彼」とはもちろんソクラテスであるが、副題にある「三年後のソクラテス考」とはどういうことか。考え始めてから三年後にまた考えている、あるいは考え直している、ということだろうか。「間」が問題である。書き出しの文章で彼は言う。「いまから三年前。二〇一三年の春、その頃教えていた大学の一年生向けのゼミで、『ソクラテスの弁明』(以下、『弁明』)『クリトン』『パイドン』を読んだ。古典中の古典だが、扱うのははじめてである。

私としては似合わない選択をしたのは、これがソクラテスという一人の人間の「死」をめぐる本だったからである。私事に亘るが、その年の一月に息子の死に遭い、『死』の近くに身をおいていたいという希望があったのである」[*1]。

三年という時間の流れの間、「死」は彼に何をもたらしたのか。この、よく知られたソクラテスの死に関する論考のなかでもっとも私を魅了した部分は、もしかしたら、その「間」、この「死」の近くにあり続けたことから生まれたものなのかもしれない。いわゆる大学の「哲学」で言うソクラテスの死の解釈は今問題ではない。それに足を取られると、多分この加藤の論考を読み損なうことになるだろう。さまざまな専門家の解釈を離れて、虚心坦懐に彼の声に耳を傾けたい。先に述べたように、私にとっての問題はあの「底の底」のそれなのである。

ここでは、加藤典洋の論考を一つひとつ辿ることはしない。プロセスには簡単に触れ、足早に結論の部分へ向かうことにする。改めて言うまでもないが、ソクラテスの死とは裁判での死刑判決による死である。彼の最後の一日はプラトンの『パイドン』に詳しいが、判決の後、周知のように、すぐに死刑が執行されたわけではない。「デロス島への祭司派遣」の祭式があり、一カ月ほど延期される。その間、いろいろなことがあった。ソクラテスにはアテナイの外に出て、死を逃れるという手段もあったのである。では、なぜ、ソクラテスは死を択んだのか。加藤は、当然、プラトンの『クリトン』に問いかける。死刑の「延期」に触れた後、加藤は次のように言う。「とうとう、処刑が一両日後に迫った日、『夜明け少し前』、友人のクリトンが獄中のソクラテスのもとを訪れる。クリトンは『裕福廉直な農民』。ソクラテスと同じ『アテナイのアローペケー区の出身』で『同い齢の竹馬の友』。クリトンは、誼を通じた牢番に見逃してもらい、牢獄へ忍び込む。ソクラテスは眠っている」[*2]。この後、当然、ソクラテスは目をさます。『クリトン』の始まりである。クリトンは脱獄を勧める。不正を働いたのはソクラテスではなく相手なのだから、彼の提案は決して間違ってはいない。しかし、ソクラテスはそれを拒む。なぜか。

この本の主題は、この点にある。

加藤は、脱獄の拒否の理由を二つあげ、それぞれAとBとに分ける。前者は、ソクラテスにとって最も重要なのは「真理のために生きる、よりよく生きること」であるから、それに従えば、たとえ間違った裁判であるとはいえ、その結果としての判決を受け入れ、死を択ぶというものである。脱獄は、よりよく生きることにはならないからである。それに対して、後者はアテナイの「国法の『正論』の正しさには、反論できない」がゆえに、判決に従って死を受け入れるというものである。ここで注意すべきは、だからといって、ソクラテスは「国法」を正しいと認めてはいるわけではないという点である。そうで

＊1　加藤典洋「死に臨んで彼が考えたこと――三年後のソクラテス考」『言葉の降る日』所収、岩波書店、二〇一六年、二六五頁。

＊2　同書、二六七頁。プラトン「クリトン」『ソークラテースの弁明・クリトン・パイドン』(田中美知太郎・池田美恵訳)所収、新潮文庫、一九六八年、参照。

あれば、「反論できない」というだけの「国法」に従う必要があるのだろうか。この問題を考えるにあたって重要なのは、これらの理由、AとBとが、それぞれ異なる論理に基づいているという点である。ソクラテス自身は、Aの「真理のため、よく生きるため」の主張を正しいと思っている。しかし、Bに関しては、それが正しいかどうかではなく反論できないがゆえにということであった。では、なぜ、ソクラテスは、AだけではなくBもあげているのか。普通に考えれば、一方を、すなわち「正しい」を選択し、「反論できない」他方を捨てればよいということではないだろうか。ところが、ソクラテスは両方に従うのである。そこに何があるのだろう。加藤はここで「アブと馬」の喩えをもちだす。実は、AとBとは、「アブと馬」がそうであるように、一対なのである。加藤は、今度は、『ソクラテスの弁明』に従って、次のように言う。「彼（ソクラテス）は、自分は、アテナイという立派な馬に、うるさくつきまとうアブのような存在だという。ソクラテスAはその『アブ』の正しさであり、それゆえに、単独では存在しえない。『馬』の正しさであるソクラテスBを、呼び込まざるをえないのである」[*3]。

以上の加藤の議論、すなわち、「真理とよく生きることの問題」と「国法の正論の問題」とを切り離すことのできないものとして提示するという考え方は、興味深いものがある。ただし、彼自身が言うように、このアブと馬の議論は『クリトン』にはない。この後加藤は、これもよく知られた「悪法も法なり」に触れているが、これは省略することにして先に進もう。ここで、今の「アブ」と「馬」の一対性の考え方を整理しておこう。加藤は、ひとまず次のように言う。「ここでソクラテスは、前半で、個人として、自分の良心に照らして、脱獄は不正なので、できない、という理由を述べ（ソクラテスA）、後半で、公民として、自分の属する共同的・公共的な精神に立つと、脱獄は不正なので、すべきではない、といわれたら反論できない、と述べ（ソクラテスB）、この二つの理由から、クリトンの『常識』的な提案に反対しているのである、と」[＊4]。ここで彼が「良心」と言い方で述べているのは「アブ」の正しさであり、他方、ソクラテスは認めてはいないが、「公民」という言い方で述べているのは「馬」の正しさである。しかし、ここには、どちらを択ぶかという問題を超えて、もっと本質的な問題が提起されている。それは「正しさ」それ自体をめぐる問題である。すなわち、そもそも「正しい」とはどういうことなのか。

さらに加藤は第三の立場、ソクラテスCを、柄谷行人の『哲学の起源』から引き出し、次のように言う。「議論は屋上屋を重ね、自分はB（公民の立場）に反論できないと述べることで、彼は自分の立場をA（個人の立場）から引きはがす。一方、反論はできないが、『それに従う、それが正しい』とは述べないことで、彼は、さらにB（公民の立場）からも自分を引きはがしている。その最後に残る立場を、ソクラテスCと呼べば、それは、『正義のために戦う』、しかし、『私人の立場』でそうする、ということで

＊3　同書、二七五頁。プラトン『ソクラテスの弁明』（納富信留訳）、光文社古典新訳文庫、二〇一二年、参照。
＊4　同書、二七八頁。傍点は著者による。以下同様。

ある」[*5]。それゆえ、柄谷によれば、ソクラテスの第三の立場は、「私人の立場で正義のために戦う」というものである。これに対して、加藤は、柄谷の議論の慧眼を認めた上で、理由AとBとの関係は公人・私人の「逆接・背理の一対性」の関係というよりも、「アブ」と「立派な馬」との「非対称の一対性」の関係なのではないかと指摘し、むしろソクラテスの死の核心とはそのようなアブと馬との「非対称性の関係のダイナミズム」にあるのではないかと言う。それでは、この「非対称性のダイナミズム」とは何か。

ソクラテスは、自分自身の根底に「よく生きる」という自分の正しさをもっている。それは、加藤によって、「良心」とも言い換えられるものである。しかし、この「底の底」はそれ自身のうちに根拠をもたない。というのも、底は別なものによって外へと開かれ、それ自身の外へと連れ出されることになるからである。それは「共に知る」としての良心を超えた根源的無知としての「知らないこと」である。では、別なものとは何か。ダイモンの声である。加藤によれば、この声は、ソクラテスに対して、「私がやろうとしていることを、その都度、しないように妨げる」だけであって、「するように勧めるということ」は決してない。ソクラテスは、この「古い神々の時代から零落した生き残り」としてのダイモンの声によって、理性としての良心という「底の底」を外部へと開き、「アブ」の自覚、すなわち、小ささの自覚、低さの自覚、乏しさの自覚をもつに至る。そのことこそが、ソクラテスが自分の正しさに従わない理由なのである。「底の底」の「底」は、何ものかによって穿たれているのである。この底は、底が抜けているのである。無底なのである。

「非対称性のダイナミズム」は、今度は「国法」の声に跳ね返る。ダイモンの声は非対称的にやはりソクラテスを誘惑するものがある。公的なもの、政治的なものへの参加の誘惑である。このもう一つの「底の底」は、国法の「反論し難さ」を作っているものでもある。反論できないという仕方で国法の正しさを担保しているものでもある。それゆえ、この正しさを理性としての良心によって反駁することはできない。というのも、それは良心の声の届かないところから誘惑してくる公的なものへの促しだからである。それこそ、加藤典洋が三年の後の『クリトン』再読の後に発見したもの、すなわち、コリュバンテスの耳に響く「笛の音」である。彼はそれを次のように表現する。「この『笛の音』は、政治への促しとしては、終始衆愚を脱する哲学（人）王の思想の対極にある、狂騒めいたノイズに近い。執拗な急きたてを伴う、無償のもの、ささえのない、集団的なものである[*6]」。この「笛の音」がソクラテスの耳にも鳴り響き、「公的であれ、参加せよ」と政治への促しを強いる。それはいわば祭式という形で代々受け継がれてきた共同体からの狂躁的力とでも言い得るものなのである。この音に対抗できるものと言えば、良心ではなく、もはやそれを超えたダイモンの声しかない。そうであるとすれば、「非対称性のダイナミズム」とは、この二つの「底の底」としての「笛の音」と「ダイモンの声」との弁証法的

＊5　同書、二八九頁。柄谷行人『哲学の起源』岩波書店、二〇一二年、参照。
＊6　同書、二九七頁。

運動なのではないか。加藤はこれら二つの共通点に関して、次のように言う。「音と声、「笛の音」と「ダイモンの声」に共通しているのは、それらがささえなく、足場をもたない、理不尽な外からの働きかけだということなのだ」[*7]。さらに彼は、これら両者の対立・葛藤の運動から、既に触れたあの「小さいひと」や「乏しいひと」の自覚を引き出してくる。加藤に言わせれば、それこそソクラテスの死の本当の謎ということになる。しかし、この謎の正体をあえて言えば、それは底を穿つものとしての「世界」なのではないか。笛と声が開く外部とは、人と人との間としての「世界」なのではないか。

†

以上の「底の底」の論考を、今度は、ダルデンヌ兄弟の作品『息子のまなざし』によって、「コミュニケーション」の「底の底」の問題につなげてみよう。予め希望的に述べれば、この考察の場合も、ひとは同様に、宮台真司が「存在」という言葉で呼ぶ「世界」へと開かれてゆくことになるのではないか。したがって、宮台の言う「コミュニケーションから存在へ」が問題なのである。主人公の男性、オリヴィエは、職業訓練所で大工仕事を教えている。そこに、ある日、少年フランシスが入所してくる。これだけであれば、先生と生徒の関係、ごくありふれた人生の一齣にすぎない。ところが、この二人にあっては、そうはいかない。少年は大工仕事をのぞんだが、溶接の仕事にまわされる。これも格別なことではない。教える人数に限りがあるからである。しかし、面白いことに、オリヴィエは結局この少年を自分のところに招き入れる。そこに何があるのか。この二人の間には、まだ先生も生徒も気づいていない出来事が潜んでいた。殺人事件である。少年が加害者で、被害者はオリヴィエの息子なのである。フランシスを見て、彼が自分の子どもを殺したことに気づいたのは、偶然といえば偶然である。オリヴィエにとっては、信じがたい事実であり、許し難い人物である。フランシスにとっても、偶然のいたずらにしては、重過ぎる事実である。彼の中で、無傷ではすまないという脅えは、自分が殺されるのではないか、という恐怖に変わる。狭い場所、逃れようがない関係、二人はどうするのか。どうなるのか。

殺人の出来事が発覚するまで、二人の間には別の触れ合いがあった。最初、オリヴィエがフランシスを眺めて、一瞬にして彼の身体のサイズに合う作業着を差し出したときの少年の驚きと戸惑い。少年は自分の過去におびえている。しかし、オリヴィエは彼のサイズを測って作業着を手渡したのではない。解るのである。大工仕事の先生の凄みである。目測でおよそのサイズが解る。フランシスは、その能力に驚き、いかれ、憧れをもつようになる。オレもああなりたい。オレも一瞬で長さや幅やサイズが解るようになりたい。いつもメジャーを携え、目についたものを目測し、何でも測ることだ。二人が路上で、駐車中の車間距離を測る場面がある。もちろん、当てるのはオリヴィエであるが、フランシスにとっては、彼のこの能力は驚異的なものであり、この驚きが敬意に変わったとしてもおかしなことでない。こ

＊7　同上、二九八頁。

うして、二人の間に、一種の身体的な通い合いのようなものが生まれる。憧れや驚きや敬意は、言葉や理解や納得からではなく、行為的融合から生まれる。

考えてみると、それは決して特別なことではない。私の中の子ども時代の雪国の冬の遊びの思い出である。降り積もった雪を手に取り、繰り返し、繰り返し握っていって、そこに雪を加えていき、少しずつ大きな玉にしてゆく。塊が一定の大きさになると、同じように雪の玉を作った相手を見つけて、それを交互にぶつけ合うのである。どちらの雪の玉が勝つか。言うまでもなく、崩れた方が負けである。勝敗を決めるのは、どれほど固い玉を作れるかにかかっている。兄はいつも勝つ。私はいつも負ける。何度も繰り返し、玉を作り、ぶつけ合う。兄への憧れのようなものは、負けた私には一種の慰めである。かなわないという心地よさ。実は、固い玉を作るにはこつがあるのである。素手で雪を強く何度も、何度も握り、溶かしてゆく。水がしたたるほど握り、その水をたっぷり含んだ小さな玉に雪を重ねてゆく。これを繰り返す。すると、中の水分を含んだ玉が氷に変わるのである。大きく固くなった雪の玉の中には氷の塊が隠れている。兄の作る雪玉は、近所の子どもたちの作るそれとは比べ物にならない。ほとんど氷の塊である。他の者が勝てるわけがない。子どもの知恵とは思えないほどの雪玉を作る技の凄さは、驚異と憧れと敬意のようなものに包まれていたように記憶している。水が出るほど素手で握るといっても、手は真っ赤に腫れ上がり、痛々しい限りである。そのバカバカしさ、そのたくましさ、その強さ、勝ちたいからそうするのではないだろう。今になって解るがそれは良き職人が全身全霊で素晴らしいものを作りたいという熱情と同じようなものだろう。

オリヴィエとフランシスから遠ざかったが、二人の間にも間違いなく行為的融合があった。宮台であれば、それは「理解と納得ではなく、ミメーシス」ということになるだろう。宮台は次のように言う。「距離が縮まるのに理解も納得もできず、理解も納得もできないのに距離は縮まる。カメラは、映画は、ダルデンヌ兄弟監督は『そういうことがあるのだ』と私たちに語りかける。そう、それこそが映画の主題だ。でも、そういうことがあるのは、なぜか」[*8]。二人の関係の変化は、両者の間での事件の発覚以後、それは残酷な事実のもたらす決定的な距離の出現であるが、被害者と加害者との関係にとどまらず、憎悪と嫌悪と殺意と後悔と居直りと反撥と、ありとあらゆるぐちゃぐちゃの関係へと移ってゆく。逃げるフランシスと追いかけるオリヴィエ。殺そうと思うオリヴィエとさあ殺せといきがるフランシス。泣くフランシスと喚くオリヴィエ。どう表現しようが、「コミュニケーション」の彼方に、どうにもならないオリヴィエとフランシスがいる。コミュニケーションの不可能性という言葉ではまだ言い足りない。そこに、コミュニケーションを内側から破壊するディスコミュニケーションがある。社会の「底」と思われたコミュニケーションに、実は、「底の底」があったというシニカルさと滑稽さの同居。宮台はこの「底の底」に、「感染・模倣」としてのミメーシスを置いた。しかし、この「底の底」は本当に底な

＊8　これらの言葉は、私のノートに残されたものによる。これらは、そのままではないが、ネットでも確認できる。また、以下の宮台の引用の文章も同様である。宮台真司「解説：ダルデンヌ兄弟監督『息子のまなざし』」参照。

のか。むしろ、それもまたどこかに通じているのではないか。

映画の最後に、解り合えない二人がどうしようもなく共にするしかないという「二人掛かりの行為」の場面がある。先に宮台が「そういうことがあるのだ」と言った、その「そういうこと」の場面である。宮台は、なぜそういうことが起こるのか、と問いを立てていた。彼の答えは次のようなものである。「ミメーシス（模倣・感染）によってだ。フランシスは、職業訓練所でオリヴィエの一挙手一投足を真似たがり、オリヴィエの空間計測力を自らのものにしようとする。総じて、オリヴィエの頑健な身体性がフランシスの側のミメーシスを招く」[*9]。このミメーシスは解り合えない両者にあっても健在である。逃げる者と追いかける者が取っ組み合いの末、疲れ果てて最後にとった行動とは何か。一本の長い木材を二人で担ぐことである。一人では到底持てないだろう。前と後ろでバランスを取って二人で何とか肩に担ぐ。理解も納得もいらない、共同の行為。この仕方なさが招く共にする行為は、どこから来るのだろうか。本当に、「底の底」のミメーシスからであろうか。私にはこの底は模倣の模倣とも言うべき彼方へと通じているように思われるのだが。

しかし、宮台は、われわれの社会をそうであるところのものにしている、いわば社会性の原理とも言うべきこのミメーシスを次のようにも表現している。「映画は、理解と納得が大切だという規範ではなく、ミメーシス『を』もたらす事実性、ミメーシス『が』もたらす事実性を、ひたすら推奨する。包摂『を要求する』啓蒙主義的な観念性ではなく、包摂『をもたらす』事実的な身体性に注目する」。こうした指摘は、私を強く説得する。意識の立場ではなく、行為の立場で哲学することを念願してきた私にとって、「を」と「が」を使って巧みに「事実的な身体性」へと導いていく議論は魅力的なものである。また、さらに、そこに彼の次の言葉を置くと、宮台の立っている場所のありかがよく理解できるだろう。すなわち、「だから、通念に基づく決断ではなく、反通念的なミメーシスがもたらす逡巡が推奨される。人々を通念の海に浮かべるコミュニケーションではなく、一緒に体を動かすこと、食べること、視ることがコミュニケーション不可能性を乗り越える所作として注目される」。これらの文章もまた、私を強く説得する。一段階目の「底」としてのコミュニケーションに関しては文句はない。それは常にそれ自身の不可能性に穿たれているからである。先ほどから述べているように、問題は二段階目の「底」、「底の底」としてのミメーシスである。宮台は今度はそれをもっと具体的に「一緒に体を動かすこと、食べること、視ること」と言う。私はここで「日常の中の哲学」の仕事とは別に進めてきた、哲学の言語で書かれたテキストの読解の仕事から得た知見をもち出したい誘惑にかられる。レヴィナスの議論である。レヴィナスの議論でも、ここまで言うことはできるだろう。しかし、欠落もまた言うことができるだろう。それは、食べるであれ視るであれ、「一緒にすること」の可能性の問題である。この行為の「一緒」の可能性の根拠は、やはり別なところにあるのではないか。例えば、私は今それを「エロス的身

*9 同上。

体」の相互性として指摘したい。しかも、この身体は、「世界」へと通じている。このことをどのように考えるか。

確かに作業を通じて「通い合うもの」がある。身体の所作の共同性は、アルカイックな記憶をもつ。それは、現行のコミュニティの記憶などをはるかに凌駕するものであろう。例えば、板を担ぐこと、木を切ること、測ること、ボールを蹴ること等、映画はそれらを映し出す。最後の場面、逃げるフランシスを、追うオリヴィエがつかまえ、両者が重なり合う。オリヴィエの荒い息によるフランシスへの殺意が「見える」場面。しかし、フランシスは、なぜ、ここに戻ってきたのだろうか。殺されるかもしれない恐怖をおさえて、彼が「ここ」に、このオリヴィエのいる「ここ」に戻ってきたのはなぜか。「世界への愛」なのではないか。共にそこに在る、共にここに在るところの「世界からの誘惑」からなのではないか。宮台が社会性の原理として示す模倣は、実は、それもまた「世界」の模倣なのではないか。すなわち、「底の底」としてのミメーシスは「世界」の模倣としてのミメーシスなのではないか。かくして、ひとは今底の抜けたところにいる。それでは、「世界」とは何か。私の言い方では、エロス的身体の相互性が開く世界とはどのような「世界」なのか。

†

加藤典洋のソクラテスの死をめぐる「底の底」の議論と、宮台真司のダルデンヌ兄弟の『息子のまなざし』をめぐる「底の底」の議論とを重ねてみると、その「底」自体の外部が現われてくる。それを今「世界」という語で表現してきた。私の使った例では、あの雪の中の世界、目の前に広がる雪を手ですくって、ひたすら握り、固く強い雪玉を作り上げてゆく。それが雪に覆われる世界の遊びであったというのだから、今では夢のような話でしかない。それでも、あの冷たさやあの痛さやあの感触は忘れ難いものとして私の身体の一部に刻まれている。改めて問おう、「世界」とは何か、と。

とはいえ、いつものように深入りは避ける。表面が問題なのである。昨年、新聞で思わぬ文章を見た。齋藤純一による書評の文章である。[*10] そこで取り上げられていたのは、森一郎の『世代問題の再燃　ハイデガー、アーレントとともに哲学する』（明石書店）である。そこで齋藤は次の文章から始めている。「書物、音楽、絵画、着物、住居や街路……。私たちは日々『物』や『作品』に関わって暮らしている。そして、それらを介して、『物』をつくりだし、保持してきた過去の世代、それらを受け渡していくべき未来の世代と関わっている」。いい文章である。ただ、一つだけ注文がある。われわれは、単に、「物」を作り出すだけではなく、その作り出した「物」によって作られてもいるという点が欠けているように思われる。本当は、作ると作られるの関係の一対性が問題なのではあるが。

それは別にして、この後の文章に注目したい。「アーレントは、私たちの『間』にあり、一人ひとり

＊10 『朝日新聞』朝刊、二〇一七年一二月三日。

の『生命』を越えて存続するものを『世界』という言葉で呼んだ。本書が問うのは、近年よく取り上げられる生命へのケアではなく、世界へのケアである。アーレントが『世界疎外』と表現したように、生命への配慮が世界への配慮を圧倒し、ほとんどすべての『物』を使用・享受というより消費・廃棄の対象に変えてきたのが近代社会である。世界は生命のスケールで扱われることによって劣化し、荒廃してきた」。ここで生命に対置して言われている「世界」、それが問題なのである。「生命へのケア」ではなく、「世界へのケア」という言い方は「底の底」を穿つものとして忘れ難い言葉となるだろう。こういう表現もあった。「掃除、洗濯、修繕といった日々の労働を怠れば世界を構成するものは傷んでいく」。

私の口癖、読み書きそろばんより、掃除、洗濯、炊事が大事。それらを怠れば、世界は汚れ、痩せ細り、傷んでいくだろう。私たちの生活が汚れ、痩せ細り、傷んでいくように。改めて言う、良心もコミュニケーションも最後の言葉ではない。忘れてはならないのは、「世界への愛」である。

十　テクノロジー・ナルシシズム・不安の身体

先日、二〇一八年初頭、新聞で李世乭（イ・セドル）棋士の優勝を知った。「第五回世界囲碁名人争覇戦」の結果である。この棋戦は、日中韓のトップ棋士による、現時点での「世界最強」の座を争うそれとして知られている。ただ、このニュースが囲碁の愛好家を離れて、どれほど一般に知られているかは別の問題である。私自身は、子どもの頃から、囲碁だけではなく将棋にも興味をもってきた。今日まで、あの「神武以来の天才」加藤一二三元九段の言葉、「直観・精読」を、テキストの読解であれ、考えることであれ、胸に刻んで仕事をしてきた。しかし、将棋や囲碁に関して言えば、残念ながら、下手の横好きである。実際に指すこともほとんどない。

私には囲碁も将棋もする資格がない。小学生の頃、友人と将棋をしているとき、やってはいけないことをしたからである。負けそうになって、盤上の駒をぐちゃぐちゃにしたのである。それを見た兄が、二度と将棋をしてはいけないと言った。いや、私のような人間はするべきではない。資格がない。それが兄の考えであった。以来、私の楽しみは、誰かとするのではなく、新聞に掲載された棋譜を見ながら一人で盤に並べたり、眠る前に頭の中で駒や石を動かしたりすることに限られた。これはこれで十分に楽しかったのだが、このときの私の振る舞いの傷はずっと私の中に残っている。「私はまともな人間ではない」という傷である。将棋や囲碁の記事を目にするたびに、今でも思い出す。

李世乭九段といえば、もう少し前の話しで忘れられないことがある。囲碁AI、人工知能との対戦である。世界最強と目された彼が「アルファ碁」に破れたというニュースは、私に、何かが終わり何かが始まるという時代の画期的変化を感じさせた。囲碁において、人工知能が人間に勝るというのはまだ先のことであろうとの予測が、簡単に破られたように思われたからである。しかし、この後、事態はもっと進展する。これもまた私の日常の中では、新聞の記事に由来する。見出しの言葉は、「アルファ碁ゼロ　最強のワケ」(朝日新聞夕刊、二〇一七年一一月九日)。大出公二の署名があるが、それはこんな書き出しである。「基本的なルールを授けられただけで、ゼロから独学し、一カ月あまりで人間はおろか囲碁AI(人工知能)の中でも最強の域に達した「アルファ碁ゼロ」が、囲碁界を揺さぶっている。囲碁数千年の蓄積で人間が身につけた技や芸が全く織り込まれていない、電脳が作りだす世界とは——」。予め断っておくが、人工知能といっても、私は何も知らない。それゆえ、今書いている文章もこの記事から得たものでしかない。それによると、これまでのグーグル傘下のAI開発会社、英ディープマインド社が開発した囲碁AIは、「高段者が残した棋譜のデータを大量に読み取り、布石や手筋、ヨセなどの基本を学んだ上で自己鍛磨した」ものであった。ところで、李世乭を破った「アルファ碁」や中国の柯潔九段らに六〇戦全勝をおさめた改良版「マスター」はこのタイプである。しかしながら、「アルファ碁ゼロ」はこれとはまったく別種のものである。

何がどう違うのか。私がもっとも衝撃を覚えたところでもあるが、根本が違うのである。「だが、一〇月一八日、英科学誌『ネイチャー』で発表された最新版「アルファ碁ゼロ」は、人間が作った教材＝棋譜を一切参照しなかった。ルールを覚えただけの『ゼロ』同士がいきなり対局を始め、当初はめちゃくちゃな手を打ち合っていたが、独自に良い手を模索し、対局を重ねるごとに急激に上達していった」。この過程は、人間の場合でも同じであろう。子どもが大人からルールを教えられ、後は同じような相手を見つけて、とても囲碁とは言えないようなものを適当に打つ。好きかどうかや興味の度合いにもよるが、楽しさを知った子どもであれば、実戦を繰り返すうちに、いろいろ学んで強くなっていくだろう。もちろん、こちらも人間、相手も人間であるから、めちゃくちゃに打つといっても対局数に限度がある。しかし、機械はそうではない。いくらでも打てるのである。その結果、どうなるか。「ゼロの自己対戦が四九〇万局に達した三日後には、アルファ碁に一〇〇戦一〇〇勝、二九〇〇万局に達した四〇日後にはマスターを八九勝一一敗と圧倒した」。記事はこれで終わりではない。しかし、話題はプロ棋士の次の一手の予測の話しに移り、私の当座の関心から離れていくので、ここではこれ以上深追いしないでおく。

過去の自分の文章とどう向き合うか。これもひとによって異なるだろうが、私の場合は、日記であれ、ノートであれ、活字になったものであれ、以前のものをよく読む。宿題のためである。いつも、書き残したものや腰砕けで終わったものや新たに発見したものなど、宿題がたくさん残っているように思われるからである。新たに文章を書くごとに、それらの宿題を一つひとつ片づけていければいいのだが、簡単なことではない。「アルファ碁」の記事を読みながら、私はおよそ一〇年前に書いた自分の文章のことを考えていた。「現代社会の誕生、あるいは新しい貧困について――ベンヤミン「経験と貧困」のために――」である。[*1] そこで私は最初に次のような文章を書いた。

一九三三年にドイツの思想家、ヴァルター・ベンヤミンが「経験と貧困」というエッセイを発表している。こんな書き出しである。「学校で習った読本に、ある老人についての寓話が載っていた。この老人は死の床で息子たちに、うちの葡萄山には宝物が埋めてある、と言い遺す。是非とも掘って探すといい、と」（浅野健二郎編訳『ベンヤミン・コレクション2』所収、筑摩学芸文庫、一九九六年）。宝物はどこにあるのか。息子たちはあちこちで探す。しかし、宝物は見つからない。やがて秋になり、この山はどこの山よりも葡萄の出来がよかった。そこで初めて息子たちは気づく。「父親の遺してくれたものが、幸福は黄金のなかにはなく勤勉のなかに潜んでいる、というひとつの経験」であったことに。言うまでもなく、「勤勉」という答えが問題なのではない。ここで重要なのは、ベンヤミンがイソップの寓話「葡萄山の宝物」を例にして何を語っているかである。[*2]

自分の文章を引用しながらではあるが、改めて思ったのは、ヒトラーの政権奪取の年、ベンヤミンがドイツでは発表できずに、国外のチェコ・スロバキアで公表せざるを得なかった、この「経験と貧困」というエッセイは、むしろ今こそ読まれるべきものなのではないか、ということである。なぜか。今に続く、世界史的なレベルでの「経験の貧困化」という事態が起こったからである。どういうことか。ベンヤミンがここで問題にしているのは、第一次世界大戦での経験である。一九一四年から一八年において、何が起こったのか。「それは世界史のなかでも最も恐ろしい出来事のひとつを経験することになった世代」に起こった経験である。どんな経験か。それは、人生を生きてゆくために、世代から世代へと受け継がれてきた、さまざまな知恵の集積としてあったこれまでの経験が、無効になってしまったという事態である。「総力戦」の中で戦地に送られた人々は、これまで何代にもわたって受け継がれてきた

＊1　この小論は、以下の序文として書かれた。庭田茂吉編著『不安社会のアナトミー』萌書房、二〇〇八年。なお、この文章は本論考の末尾に「補遺」として再録した。
＊2　拙稿、五一六頁。

「経験」では理解できない、まったく新しい出来事に遭遇した。「経験」とは、ベンヤミンの定義によれば、「絶えず繰り返し年上の世代が年下の世代に教え継いできたもの」であり、「指輪のように」代々受け継がれてゆく「知恵の集積」のようなものである。それが今や、役に立たないものに変わってしまった。「経験」における決定的な価値の下落という事態である。

この事態は案外簡単に見て取れる出来事だったのかもしれない。というのも、ベンヤミンが書いているように、戦場から帰還してくる兵士たちの沈黙がそれを物語っているように、彼らは戦場で体験した新しい出来事を語るべき言葉を持っていなかったからである。「伝達可能な経験が豊かになって、ではなく、それがいっそう乏しくなって、彼らは帰ってきたのだった」。彼らの「経験」では、決して追いつけないような出来事との遭遇とはどのようなことをいうのか。彼らの手持ちの「言葉」を超えた新しい出来事とはどのような事態なのか。ベンヤミンによれば、その答えは、「テクノロジーの途方もない発展」である。経験の未曾有の貧困化をもたらしたものは、この科学技術の発展による、ハンナ・アーレントの言う、「伝統」の破壊と消滅である。戦場から帰還した兵士たちの沈黙の正体がここにある。理解不可能性、見たことも聞いたこともない感じることの不可能性、何が起こっているのか分からないままただ日々が過ぎてゆくという不思議さ、名状しがたい生活の非連続の連続、その果てに何が起こったのか。「ちっぽけなもろい人間の身体」だけが残された。しかし、この身体が問題なのである。それはただ「ちっぽけでもろい」だけの身体ではない。それは、「不安の身体」(山形頼洋)でもある。

この一〇年前の「ベンヤミンのために」の文章において、実は、私は、もう一人の思想家、マクルーハンの「外心の呵責」という奇妙なエッセイにも触れている。今回読み直すことで気づいたのは、この個所は実は「不安の身体」の話しであったということである。「外心の呵責」を取り上げたのは、最初は、「現代社会」の誕生というテーマに関して、ベンヤミンの「経験と貧困」からもう少し遡ることができるのではないかという直観があったからである。その直観とは、一八四四年の米国での電信実験の成功、いわゆるサミュエル・モールスによる「モールス符号」の通信の成功にまで遡及できるのではないかというものである。しかも、面白いことに、一八四四年は、キルケゴールの『不安の概念』が出版された年でもある。いわば、「不安の身体」の始まりである。このとき私は、経験の様式そのものの変化の二つの事例のうちの一つとして、マクルーハンに触れた。同じように、引用してみよう。

一つは、マクルーハンが一九六三年に書いた「外心の呵責」である。書き出しの文章で、彼は次のように言う。「西洋人が神経を自分の外側に出すプロセスを始めたのは電信が最初である。それ以前のテクノロジーは、すべて肉体の器官の拡張であった。例えば、車輪は足を自分の外部に出したものであり、都市を囲む城壁は皮膚を集めて外化(outering)させたものである。ところが、電子メディアは、中枢神経系の拡張であって、これは包括的で同時的な領域にほかならない。電信の発明以来、私たちは人間の脳と神経を地球全体に拡張させてきた。その結果、電子時代は実に不安な時代となった。人間は、頭蓋骨を内側に入れ、脳みそを外側に出して耐えている。私たちは異様に脆弱になった。米国で電信が商用化されたのは一八四四年。キルケゴールが『不安の概念』を出版した年である」（宮澤淳一訳「外心の呵責」『マクルーハンの光景――メディア論がみえる――』所収、二〇〇八年、みすず書房）。なぜ「内心の呵責」ではなく、「外心の呵責」なのか。「身体のあらゆる社会的拡張に特有の性質とは、そうした拡張がめぐりめぐって発明家たちに戻ってきて、彼らを苦しめる」からであり、拡張によって身体の外に出されたものが苦しめるからこそ、「内心の呵責」ならぬ「外心の呵責」なのである。マクルーハンはここからきわめて興味深い議論を展開していくことになるが、ここではこれ以上の深入りは避けなければならない。*3

深入りを避けたのには理由があるが、その結果宿題が残された。マクルーハンによるテクノロジーあるいはメディアの二つの区別の問題、すなわち身体の拡張の二つの様態の問題である。マクルーハンにとってテクノロジーとメディアはほとんど同義であるが、まずは「内側の理性」の苦しみにほかならない「内心の呵責」に対応する身体の諸器官の拡張の問題である。面白いことに、マクルーハンは、この身体の諸器官の拡張としての第一のテクノロジーをナルキッソスの苦悩として特徴づける。この発想は驚くべきものである。『ナルシスの間違い』の著者、ルイ・ラヴェルが言うように、「ナルシスのアヴァンチュールは、オウィディウス以降、すべての詩人たちにインスピレーションを与えてきた」[*4]。なるほど、ラヴェルが後にミルトンの解釈に触れているように、『変身物語』以後のさまざまな解釈はそれはそれで興味深いものがあるが、マクルーハンが試みたような、ナルキッソスの苦悩とテクノロジーとを結びつけた例はおそらく一つとしてないだろう。今問題は、ナルシシズムである。「ナスキッソスが自分自身の外側（投影、拡張）に恋をしてしまったように、人は自分の身体の拡張でしかない最新の小道具や小細工に必ずや恋をしてしまうものらしい。自動車の運転をしたり、テレビを観たりするときの私たちは、外部に突き出た自分自身の一部分を扱わなくてはならないことを忘れがちである。そんなとき、私たちは自分たちの作った仕掛けの自動制御装置になってしまい、仕掛けの求める、即時的で機械的な仕方での反応をすることとなる」[*5]。言うまでもなく、ここで起こっていることは、ギリシャ神話にあるように、女神ネメシスの計らいによって、泉の水面に映る自分の姿にそれが自分とは分からないまま虜

---

*3　同書、一五一―一六頁。なお、マクルーハンのテキストの読解にあたって、「外心の呵責」の訳者である宮澤淳一の解説、第一講「マクルーハン精読」、宮澤淳一『マクルーハンの光景　メディア論がみえる』所収、みすず書房、二〇〇八年、を参考にした。見事な解説である。

*4　Louis Lavelle, *L'erreur de Narcisse*, La Table Ronde, 2003, p. 35.

*5　マクルーハン「外心の呵責」（宮澤淳一訳）、宮澤淳一『マクルーハンの光景　メディア論がみえる』所収、みすず書房、二〇〇八年、九頁。

になってしまうという事態である。結局、よく知られているように、この自分が自分の虜になる自己愛の物語はナルキッソスの死で終わる。

それでは、このナルシシズムの問題とテクノロジーのそれとがどのように結びつくのか。マクルーハンは続けて次のように言う。「ナルキッソス神話の要点は、人は自分の姿に恋をする傾向があるということではない。むしろ、自分の拡張に対して、それと知らずに恋をする傾向がある、ということである。これは私たちのテクノロジーすべてに通じる格好のイメージを伝えていると思う。ここから私たちは根本的な問題を突きつけられる。テクノロジーに対する偶像崇拝であり、それは精神的な麻痺が含まれるためである」[*6]。鋭い指摘である。問題は、「それと知らずに恋をする傾向」という事態である。この恋は根本的な自己の自己に対する「無知」や「無自覚」によって成り立つということである。気づきなき恋、無知の恋、陶酔と麻痺の恋、しかし、考えてみると、恋とはそのような事態をいうのではないか。ひとはそれと知らずに恋をしているのではないか。ただし、ナルシシズムの場合は、他者を欠いた自分自身への恋、他者の不在において自分が自分の虜になってしまうという危ない恋である。他者への恋であれば、「我」を取り戻す契機はいくらでもあるが、自己の無知の恋はそうはいかない。この場合の恋の成就は、自分自身との一体化、すなわち自己消滅である。要するに、自己が不在になることがない以上、恋は自己自身の消滅まで続き、ナルキッソスがそうであったように、最後にやって来るのは自己の死なのである。言うまでもなく、だからといって、テクノロジーの発展が一直線にそこに向かうというわけではない。「内側の理性」の苦しみから、その外化である「外側の理性」の苦しみまでまだ距離があるからである。そこに質的転換があるからである。先取りして言えば、しかしながら、それでもなお、身体の拡張としてのテクノロジーとは「死に至る病」なのである。『不安の概念』（不安の身体）から『死に至る病』（絶望の身体）へ、やはりキルケゴールはただ者ではない。

この内側の理性の呵責、すなわち、ナスキッソスの恋の苦しみについて、今度は、『マクルーハンの光景　メディア論がみえる』の著者であり、エッセイの訳者でもある宮澤淳一の解説を紹介しよう。繰り返しになるが、今問題は、第一のテクノロジーの特徴である「自分の拡張に対して、それと知らずに恋をする」という傾向である。とりわけ、私が引用した文章の中の「自分たちの作った仕掛けの自動制御装置になってしまい、仕掛けの求める、即時的で機械的な反応をすることになる」という一節である。宮澤は、この個所に関して、「外心の呵責」の翌年に出た、マクルーハンの『メディア論』第四章「仕掛けの愛好者（Gadget Lover）」を参照して次のように言う。「ここでの『テクノロジー』とは『鏡』（泉の水面）です。ナルキッソスの目の『拡張』です。この『鏡』には彼自身の姿が『投影』されます。これはナルキッソスの美貌が外側に出たのですから、自分の美貌の『拡張』でもあります。この『拡張』を見たナルキッソスは自分の姿がわからず、自分の拡張されたイメージに陶酔し、ひたすら見入り、

＊6　同書。

『鏡』を使い続ける」[*7]。そして、宮澤はこの文章の後に、今しがた私が触れたあのマクルーハンの文章、「自分たちの作った仕掛けの自動制御装置に……」を置く。ここでとりわけ難解なのは、「自動制御装置(servo-mechanism)」という言葉である。

宮澤によれば、この言葉は、マクルーハン自身の説明に従うと、次のように使われるという。例えば、インディアンはカヌー、カウボーイは馬、会社の重役は時計がそれぞれ自動制御装置になるとのことである。つまり、この「自動制御装置」という語は、自分の身体の拡張であるテクノロジー、この場合は「カヌー」、「馬」、「時計」などに恋をして、それらを取り扱うことや操作することや使用することに夢中になり、それらに取り憑かれてしまう事態を意味するという。テレビや自動車やゲーム機など、今であれば、パソコンや携帯の機器を想起すれば、解りやすいかもしれない。マクルーハンはこれをさらに「テクノロジーに対する偶像崇拝」と呼び、ここに「根本的な問題」を見る。この自分の身体の拡張がもたらす、すなわち「テクノロジー」あるいは「メディア」がもたらす「精神的麻痺」をどのように考えるべきか。

†

もちろん、自分自身の身体の拡張から始まった、第一のテクノロジーはこれにとどまることはない。ベンヤミンの言う、科学技術の「途方もない発展」である。「電子メディア」という第二のテクノロジーが出現し、本格的な「不安の身体」の時代が始まる。最初の囲碁の話を思い出していただきたい。今はちょうど、囲碁AIの機械が作られた段階である。ここにグーグル傘下の英国のディィープマインド社が開発した、「アルファ碁」や「マスター」が加わる。いわゆる、人工知能のディィープラーニングである。これらは最初の囲碁AIの機械とは異なるとはいえ、その延長上にある。ちょうど、第一のテクノロジーの様態に対して、その第二の様態が出現したように。それでは、第二のテクノロジーとはどのようなものか。既に明らかなように、それは、身体の社会的拡張という考え方で言えば、「中枢神経系の拡張」であり、「包括的で同時的領域」の開拓にほかならない。いわば、「アルファ碁」とその改良版である「マスター」の時代である。今私は話しを分かりやすくするために、囲碁AIを二つのテクノロジーに対応させたが、もともと人工知能の開発自体が人間の身体の「中枢神経系の拡張」であるから、「ディィープラーニング」という質的転換は別にして、この場合の第一から第二への移行はほとんど必然的とも言えるだろう。しかし、重要なのは、「アルファ碁ゼロ」はこれらと根本的に異なるという点である。真の画期をなすのは、むしろこの人工知能の開発とその実用化にある。その前にまだ語らなければならないことがある。

問題は、「外心の呵責」である。外側の理性の苦しみである。マクルーハンの「外心の呵責」からの

＊7　宮澤淳一、第一講「マクルーハン精読」三四頁。

引用の文章で既に示したように、米国での一八四四年の「電信の発明以来」、すなわち「電子時代」の到来以降、われわれは「人間の脳と神経を地球全体に拡張」させ、「頭蓋骨を内側に入れ、脳みそを外側に出して耐えている」状況において、不安社会を生きている。彼によれば、「電子メディアの時代」は「不安の時代」でもある。ひとは今、ベンヤミンの「ちっぽけな身体」や脆弱で不安の身体を生きている。しかし、この電子テクノロジー、電子メディアは、どのようなものなのか。マクルーハンは、それを第一のテクノロジーの特徴、「催眠術」のやり方との同質性や「相互作用を起こさせない閉鎖体系」性や見るものと見えるものとの同一性や過去と未来の連続性を指摘した後、次のように言う。「ところが、新しく現われた電子テクのロジーは、閉鎖体系ではない。中枢神経系の拡張として、認識、相互作用、対話を行なう。この電子時代には、テクノロジカルな道具どうしの共存が本当に即時的に起こるという本質が人類史上きわめて新しい危機を生み出した。私たちの拡張された能力や感覚は、今や、単一の体験領域を構成しており、この領域は、能力や感覚が中枢神経系自体のように集合性を意識するようになることを求めている。機械作用の特徴である細分化と専門化は存在しない」[*8]。

マクルーハンはここで警告を発する。このような「新しい電子的な諸形式の本質」に無知であることは許されない、と。というのも、無知である限り、ひとはそれを操作するのではなくむしろ操作され、新しい電子テクノロジーの「制度化」や「手続きの方式」化を招くことになるからである。そのような警告の具体的な事例とは次のようなものである。すなわち、一九四五年のニュルンベルク裁判における、

「ドイツの軍需大臣」アルベルト・シュペーアの証言である。その証言によれば、かつての独裁制と電子メディアの時代のそれとの違いは、そこに「独立して考え、行動できる協力者」がいるかどうかということである。電話やファックスや無線電話は、命令を直接部下に伝達することを可能にする。それゆえ、組織の上と下との間で媒介者として働く優秀な人物を必要としない。こうなると、かつての独裁制のように、自分で考え自分で行動する「協力者」は不要になる。むしろ、さまざまな「コミュニケーションの手段」が「副次的な指導体制の仕事」をすべて機械化するのである。その結果、「独立して、行動できる協力者」が消え、「指令を無批判に受け入れる人間」、すなわち「新しいタイプ」の人間が生まれることになる。アイヒマン裁判の結果、ハンナ・アーレントが「凡庸な悪」と言った、あの「考えないこと」の悪の出現である。

このトリヴィアルでつまらない悪は、はなばなしく大げさな悪と比べて、実は、より恐ろしいと言わざるを得ない。なぜか。マルルハーンは次のように言う。「テレビとラジオは私たち自身の巨大な拡張であり、言語がかなえてくれるのと同様に、互いの生活への参加を可能にする。しかし、参加の方式はすでにそれぞれのテクノロジーに組み込まれている。この新しい言語は独自の文法をもつのである」[*9]。文章は平明であるが、難解な内容である。問題は、「互いの生活への参加」であり、しかも、各テクノ

＊8　マクルーハン「外心の呵責」一〇頁。
＊9　同書、一一頁。

ロジーに組み込まれた、その「参加の方式」、その「新しい言語」が「独自の文法」をもつという点である。では、その独自性はどこにあるのか。詳細は省略するが、それは「部族化の力」である。あるいは、「部族主義（tribalism）」である。それは「一族すなわち、共同体の規範としての閉じた社会のもつ強い絆の感覚」をいう。第一のテクノロジーが魔術からの解放をもたらし、部族化から個人化の流れを作り出したのに対して、電子テクノロジーは、世界において起こった出来事が瞬時にそして同時に伝わる回路をもつことによって、「世界を収縮させ、一個の部族すなわち村」を生み出したのである。要するに、今や、地球は、世界は、一つの村なのである。「再部族化」であり、「再魔術化」である。しかし、世界が狭くなったという言い方の真意や、グローバル化の本当の意味を、誤解してはならない。地球が一つの村になるなど、悪夢以外の何ものでもない。世界はさまざまな断層をもち、広くて深くなければならならないにもかかわらず、電子メディアが開く世界はその正反対の方向に動いている。私にとっては、それこそが「悪夢」であり、「不安」であり、「恐怖」なのである。

不安と恐怖の時代の幕開けである。ベンヤミンは「ちっぽけな身体」を言い、キルケゴールは「不安の身体」を言う。そして、レヴィナスは「恐怖の身体」を言う。私たちは今どこにいるのか。マクルーハンは次のように言う。「古いテクノロジーに慣れきった社会に新しいテクノロジーが押し寄せると、あらゆる種類の不安が生まれる。私たちの電子的世界が求めているのは、地球的な認識によって統合された場である。文字文化の人間にふさわしい個人的な意識は、電子情報が求める集合的意識の中では、耐え難いほどひねくれた考えと見られてしまう。この窮境において、あらゆる自動的な反射行為を保留することは適切に思われる」[*10]。彼は、「昔の形式や達成したものを破壊することなく、新しいテクノロジーによる新しい生き方を示す」ものとして、芸術家に期待してこのエッセイを閉じているが、さてどうであろうか。「ひねくれた考え」をもち、「芸術家」ではない私には、「新しいテクノロジーによる新しい生き方」はまるで見えないのだが、マクルーハンには何が見えていたのだろうか。

†

「不安の身体」に戻ろう。マクルーハンにとっては、不安の原因は新しいテクノロジーの出現、この場合は電子的テクノロジーの出現にあった。これは、ベンヤミンのテクノロジーの途方もない発展においても変わらない。すなわち、「外心の呵責」の苦しみである。しかし、「不安の身体」を考えるとき、この解釈で十分だろうか。「不安の概念」をもっと突き詰めて考察する必要があるのではないか。マクルーハンが指摘したように、新しいテクノロジーである「電子メディア」の誕生は、キルケゴールの『不安の概念』の誕生でもあった。残念ながら、彼はそれを知りながら、不安の概念の本質にまで至る考察を提示することはしていない。文字通り、触れただけである。予め述べておくと、キルケゴールの

＊10　同上、一五一一六頁。

問題と新しいテクノロジーの出現の問題とが直接交差するわけではない。しかし、不安の概念の探究は、それとは別に、われわれを生の根本問題に連れていくことになる。では、その問題とは何か。そもそも、なぜ、ひとは不安なのか[*11]。

ある世代の人々はたぶん覚えていると思われるが、かつて「身体がついていかない」というような言い方が流行したことがあった。身体の思想、身体の時代、身体に従え、あげくの果ては、身体は正直である。精神への不信がそう言わせたのか。ここではそれらを検証する余裕はないが、そのような身体の思想は今なお死んではいない。例えば、それは、「AIによる情報通信革命」、「安心な人の輪　広がるか」という新聞記事での山極寿一の発言に見られる。予め断っておくが、これは、「けいはんな学研都市」で開催された「けいはんな情報通信フェア2017」での「AIにはできない人間の幸せ」と題する基調講演での発言であるとのこと。山極はまず、今情報通信革命が問題になっているが、それは最近のものではなく、七〇〇万年の進化史にわたって一貫して見られるものであると指摘した上で次のように言う。「だが、残念ながらその変化の速度に人間の身体はついていけていない。そのため、近年増えている心臓病、脳卒中、アレルギー性疾患、糖尿病などの慢性疾患と同じように、情報通信技術と人間の身体はミスマッチを起こし弊害が発現し始めている。賢く技術を開発し応用できれば、人間にとって幸せなソサエティー5.0（新たな経済社会）を構築することにつながる[*12]」。「つながる」かどうかは、ここでは問わない。身体が問題だからである。身体がついていけないというのは、一九六三年に発表された、あのマクルーハンのエッセイを読んだ後では、当然その意味も変わるだろう。しかし、その意味を明らかにするためには、よく目にする、このような日常の表現の底にあるものを、ぎりぎりまで問いつめる作業が求められるのではないか。その意味で、マクルーハンのテクノロジーの分析には見るべきものがある。身体の諸器官の拡張とその本質としてのナルシシズムから、電子テクノロジー時代における「外側の理性」の苦しみ、「不安の身体」、に至る道筋はこちらの思考を刺激して止まない。改めて問おう。なぜ、人々は繰り返し、精神ではなく、身体を持ち出して、「ついていけない」という言い方をするのだろうか。また、なぜ、そのような事態を不安という言葉で表現するのだろうか。

一八四四年の「コペンハーゲンの夜警番」に戻ろう。キルケゴールの『不安の概念』に、である。この本の岩波文庫版の訳者、斉藤信治の「訳者跋」によれば、一八四一年から四二年頃のキルケゴールの日記に次のような言葉があるという。「ひとびとはまことにしばしば原罪の本質に関する考察を重ねてきたのであるが、しかしその際根本的な範疇については頬かむりをしている。この範疇が不安なのだ……。不安とは、怖れているものに心惹かれているということである、それは反感的な共感なのである

＊11　タイトルにも使った「不安の身体」という言葉は、本文で示したように、山形頼洋のものである。身体及び不安に関するすぐれた哲学的考察である、以下の山形の論文を参照。山形頼洋「不安の身体」木村敏・坂部恵監修『身体・気分・心――臨床哲学の諸相――』所収、河合文化教育研究所、二〇〇六年。

＊12　山極寿一「科学季評」『朝日新聞朝刊』二〇一七年、一一月一一日。

……。ひとが怖れているもの、これはまた彼がそれに心惹かれているものなのである……。ところで、不安は個体を弱くする、そうして第一の罪はかかる弱さのなかで起こるのである」[*13]。キルケゴールの言う、「反感的共感」や「共感的反感」は、マクルーハンのナルシシズムの問題を思わせるが、もちろん斉藤信治の意図はそこにはない。当然その意図の向かう先はキルケゴールであり、訳者としての斉藤信治はこの文章に『不安の概念』の主題の要約を見る。言い換えると、それは、「無垢な人間が、どうして罪あるものとなるのか」という問題である。では、その問題の答えとは何か。さらに、斉藤の理解を手がかりにもう少し議論を進めると、人間が罪あるものとなるのは、「歴史的連続性」においてではなく、「個体の質的飛躍」によってである。では、質的飛躍によって罪はいかにして生じるのか。これを解明するために、キルケゴールの試みたこととは、「質的飛躍の瞬間に先立つ人間の魂の状態」を、その「瞬間のぎりぎりの一歩手前」まで、彼の言う「心理学」によって追求していくことである。それゆえ、『不安の概念』における問題は、無垢から罪に至る「中間状態」の解明なのである。では、「中間状態」における魂の根本状態とは何か。それは「不安」である。要するに、無垢と罪との間こそが「不安」なのである。

ここで斉藤信治は改めて問う。「無垢な人間がどうして罪に近づくのであろうか。無垢な人間もまた、その無垢のままに不安のうちにある。しかし彼は特定の何かの故に不安なのではない。ただ何とはなしに不安なのであり、不安の対象は無である。彼は、否むしろ彼女は、この不安の無に対して怖れを抱きながら、同時にまたこの不安の無に心惹かれている」[*14]。この事態を今、「不安の魂」においてではなく、心身合一に基づいて、「私とは身体である」として、「不安の身体」において考えるとどうなるか。マクルーハンにおいて問題になっていたのは、身体の諸器官の延長や拡張や外部化であったが、その身体とはどのような身体なのだろうか。現象学的に言うと、それは、「我なし能う」としての身体である。それにしても、この「私はできる」としての身体はなぜ不安なのであろうか。それが「無垢のままに不安のうちにある」として、この不安はどこからやって来るのか。

キルケゴールは、『不安の概念』第一章第五節「不安の概念」において次のように言う。「無垢は無知」であり、それゆえ人間はこの無垢の状態において善悪を区別する知をもたない。それでは、そこに何があるのか。「このような状態のうちには平和と安息がある、しかも同時にそこにはもっとちがった何かがあるのである、但しそれは断じて不和や闘争ではない、——なぜといってそこには争うべき何ものも存しないのだから! それならそれは何であるか。無だ! しかしどういう作用をするのか、——無は? それは不安をつくりだす。無垢は同時に不安であるということが、無垢の深い秘密である」[*15]。要するに、無知としての無垢は無であり、それは同時に不安なのである。それゆえ、不安はこの無に由

＊13　斉藤信治「訳者跋」キェルケゴール『不安の概念』所収、岩波文庫、一九八七年、二九四頁。
＊14　同書、二九五頁。
＊15　キェルケゴール『不安の概念』岩波文庫、一九八七年、六八頁。

来する。しかも面白いことに、キルケゴールは、この後すぐに、この「不安の概念」を可能性の概念に結びつける。彼は言う。「不安の概念は心理学のなかで全然問題とされたことがなかったとさえも言われうるくらいであるから、不安は恐怖やそれに似た状態とは充分に区別せられるべきものであるという点に、私は注意を喚起せねばならない。恐怖やそれに似たいろいろな状態はいつも或る特定のものに関係しているのであるが、不安は可能性に先立つ可能性としての自由の現実性なのである」[*16]。少し難解な文章であるが、問題は可能性と現実性との関係である。それはどのような関係なのか。

キルケゴールは別の個所で、この両者の関係について次のように言う。「この歴史が現実性であり、自由の可能性がそれに先行する。だが自由の可能性は善でも悪でも択びうるという点に存するのではない。そのような馬鹿げた考え方は聖書にも思惟にもふさわしくないのである。可能性はなしうるという点に存する。或る論理的な体系のなかでは、可能性は現実性に移行する、とまことに呑気に語られている。だが現実はそう簡単にはいかない、そこには中間規定が必要とせられるのである。この中間規定が不安なのである、……」[*17]。ここで重要なのは、可能性から現実性への移行が可能であるためには、「中間規定」としての不安がなければならないという点である。それでは、この点について、先に述べた、「私はできる」としての身体に基づいて言い直すとどうなるか。この「我なし能う」としての身体は、言うまでもなく、可能性としてのそれにほかならない。私の身体は、諸可能性の体系なのである。しかし、それはあくまでも「諸可能性」なのであって、「現実に」何かを実行している身体ではない。それは、いまだ、「現実性」の身体ではない。私の身体が現実に行動するためには、そこには不安がなければならない。それゆえ、この場合、不安は、さまざまな現実の行動を可能にする自由を実現する媒介なのである。言い換えると、不安なしには、現実の行動は可能ではない。もっと言えば、「私はできる」としての身体が不安であるがゆえに、その可能性の現実性への移行が可能になるということである。

ここで忘れてはならないのは、この「不安の身体」の不安は無に由来するという点である。キルケゴールは「無」ということで何を問題にしているのか。それは、「私はできる」としての身体の諸可能性の根拠が自分自身のうちにはないという根源的な事実を表わしているのではないか。要するに、この事実は、可能性としての私の身体が、その自分の可能性のうちに、「可能性としての私の身体」のあり方の可能性をもってはいないということを示している。それでは、その可能性が「私はできる」としての私の身体のうちにないとすれば、それはどこから来るのか。私以外のものに由来するとしか言いようがない。それゆえ、私の身体は不安なのである。「不安の身体」の「不安」は、私の身体の可能性が私の身体の可能性においてあるのではなく、私以外の何かにあるという点に存する。例えば、私の身体を生み出した神のうちに。また、私の生命を可能にする絶対的生命のうちに。私自身の考えからすれば、人と人との間としての世界のうちに。それゆえ、不安や苦しみは、決してなくならないということである。

＊16 同上。
＊17 同上、八二頁。

テクノロジーのどんな段階であれ、「不安の時代」は続くであろうということである。

†

ひとは今どこにいるのか。ナルキッソスの恋からソラリスの恋へ。囲碁AIで言えば、「アルファ碁」とその改良版である「マスター」から「アルファ碁ゼロ」へ。あまり明確ではないが、テクノロジーの発展において質的差異を孕みながら、電子テクノロジーの時代にあっても、ナルキッソスの恋は依然として続いている。しかし、囲碁AIの世界では、既に「アルファ碁ゼロ」がある。「マスター」と「ゼロ」には決定的な違いがある。囲碁に関する人類のすべての記憶をもち、それを縦横無尽に組み合わせることで勝ち続けてきた「マスター」が、簡単なルールだけ教えられた「ゼロ」に勝てないという決定的な事実を前にして、いわばナルキッソスの恋が終わったことを認めざるを得ない。それはヒューマニズムの終焉、すなわち人間中心主義の完全な終わりを意味している。「ゼロ」は、過去の棋譜を必要とはしない。それは、いわば人間の記憶をもたない。「ゼロ」は自分の記憶を作り出し、「ゼロ」同士の切磋琢磨の中、日々成長を遂げている。「ゼロ」は、自己をもちつつある。それでは、われわれにはもう恋はないのか。いや、既に新しい恋が始まっている。今度は、人々は、自分に恋をするのではなく、「ゼロ」たちに恋をするのである。自分に恋をしたくても、彼らはもうナルシシズムの彼方にある。「ゼロ」たちは、ナルキッソスの外部に出てしまったのである。もし、そのような「ゼロ」たちに恋をするとすれば、それはまったく新しい恋となるだろう。ひとは、この新しい恋において、そこにどんな他性をおいてもやはり人間や動物というサークルを出ることのなかったものたちとの恋ではなく、今度は、それらとは決定的に異なる、自己をもつ物質との恋を生きることになる。しかし、それはどんな恋なのだろうか。ヒントはある。それがソラリスの恋である。

ソラリスの恋。こう書いて、私は手が震える。ソラリスの恋に従って、新しいエロス論を書かなければならないのではないか。しかし、ここでは、この課題に関して一旦手を休めてスケッチだけにとどめておこう。ソラリスの恋とは何か。私の日常の世界に戻る。昨年末、私は久しぶりにEテレで、或る番組を見た。かつて教育テレビと呼ばれていたNHKの「一〇〇分de名著」という、沼野充義解説の「スタニスワフ・レム　ソラリス」である。この番組は、高橋源一郎で「太宰治　斜陽」を見て以来である。大岡昇平の『野火』やハンナ・アーレントの『全体主義の起源』などは見逃した。「ソラリス」は、テキストも購入し、「わからなさを引き受ける」を楽しんだ。楽しむという言い方は妙だが、『ソラリスの陽の下で』以来の読者である私にとって、この「惑星ソラリスの思考する物質」の話はやはり楽しみなのである。

しかし、深入りは禁物である。この章の収拾がつかなくなるからである。『ソラリス』は、主人公クリスが惑星ソラリスの「観測ステーション」に到着するところから始まる。ソラリスは、どんな惑星なのか。沼野充義の説明を聞こう。「クリスがやってきたソラリスとは、二重星を太陽に持つ惑星です。

この惑星は表面が原形質状の『海』に覆われているのですが、この海は人間にとってまったく不可解な存在です。なぜならそれが、人類が積み上げてきた物理学の知見では到底説明のつかないような様々な現象を見せるからです。小説の設定では、クリスが生まれる百年ほど前から、ソラリスの海の謎を解こうとする『ソラリス学』なる学問が発展してきました。その中で様々な説が生まれては消え、結果として、ソラリスの海とは高度な理性を持った巨大な一つの生物なのではないかという仮説が有力になっているのですが、人間がこの『生物』と接触して互いに理解しあうことはいまだできないままでした。ソラリスの海が見せる様々な行為は、人間にとって意味不明なものにとどまり、それはあくまでも『他者』として存在し続けます[*18]」。

言うまでもなく、ソラリスの恋はこの惑星での出来事である。何が起こったのか。ある日、クリスの傍らに今は亡き、地上でのかつての恋人ハリーが現われる。思考する物質としてのソラリスの海の仕業である。ソラリスの海がクリスの記憶を奪い取り、それを実体化したのである。すべての記憶といっても、顕在的であれ潜在的であれ、意識的であれ無意識的であれ、文字通りすべてというわけではない。そこには微妙な欠落も見られるのだが、それは紛れもなく、自ら命を絶った亡き恋人ハリーそのものである。いや、ハリーの幽霊かもしれない。今、クリスの中に眠るハリーがソラリスの業によってよみがえった。これは悪夢だろうか。クリスはこの「幽体」と呼ばれるハリーに徐々に魅了されてゆく。ところが、最初自分の中のハリーの実体化だった「ハリー」は、少しずつ成長をとげ、自己をもった別物の、他者の「ハリー」へと変わってゆく。先の人工知能の話しで言えば、「アルファ碁」から「アルファ碁ゼロ」への変貌である。今や幽体ハリーはクリスの知るハリーではない。クリスから奪い取ったすべての記憶を駆使し、縦横無尽に動き回るハリーはもはやいない。見た目は同じでも、ここにいるのは自己をもち、自分で考え行動するハリーなのである。彼女はクリスの理解の外にあり、彼の理解を超えたものである。しかし、クリスは、いわばこの「アルファ碁ゼロ」としてのハリーに、恋をする。ソラリスの恋である。地上でのハリーとの恋の再現でもその単なる反復でもない、再現前化の彼方の、キルケゴール的な反復不可能性としての反復である「新しい恋」。

この恋の意味や行方については語らないことにする。宿題である。私の目の前に、二つのそれが残された。一つはスタニスワフ・レムの『ソラリス』、そしてもう一つは王銘琬の『棋上とＡＩ』[*19]。今ひとはここにいる。「アルファ碁ゼロ」と「ソラリスの恋」の世界にいる。電子メディアの時代の、情報の大げさな消費とやり取りに、よく解らないお守り的コミュニケーションとその能力の開発に、心底取り憑かれたナルキッソスたちの「外心の呵責」の恋が終わり、人間中心主義としてのヒューマニズムを超え

＊18　沼野充義『一〇〇分de名著　スタニスワフ・レム　ソラリス――わからなさを引き受ける――』NHK出版、二〇一七年、二五一―二六頁。

＊19　スタニスワフ・レム『ソラリス』（沼野充義訳）、ハヤカワ文庫、二〇一五年。王銘琬『棋士とＡＩ』岩波新書、二〇一八年。

た、本当の意味での別物の恋が始まったのである。その恋がよい夢なのかどうか、それはまだ誰にも解らない。もう少し、この「神なき世界の悲惨」（パスカル）を生きることにしよう。

［補遺］ 現代社会の誕生、あるいは新しい貧困について

――ベンヤミン「**経験と貧困**」のために――

いわゆる「現代社会」なるものはいつから始まるのか。しかし、この問いは見かけほど簡単な問題ではない。何よりもまず、「現代社会」の特質と見なされているものそれ自体が問題だからである。ここでは、少し過去にさかのぼって「現代」という時代の始まりを検討することによって、一つの答えを探ってみたい。

一

一九三三年にドイツの思想家、ヴァルター・ベンヤミンが「経験と貧困」というエッセイを発表している。こんな書き出しである。「学校で習った読本に、ある老人についての寓話が載っていた。この老人は死の床で息子たちに、うちの葡萄山には宝物が埋めてある、と言い遺す。是非とも掘って探すがいい、と」（浅野健二郎編訳『ベンヤミン・コレクション2』所収、筑摩学芸文庫、一九九六年）。宝物はどこにあるのか。息子たちはあちこち探す。しかし、宝物は見つからない。やがて秋になり、この山はどこの山

よりも葡萄の出来がよかった。そこで初めて息子たちは気づく。「父親の遺してくれたものが、幸福は黄金のなかにはなく勤勉のなかに潜んでいる、というひとつの経験」であったことに。言うまでもなく、「勤勉」という答えが問題なのではない。ここで重要なのは、ベンヤミンがイソップの寓話「葡萄山の宝物」を例にして何を語っているかである。

今問題は、父親が遺してくれた「ひとつの経験」である。大人たちが「脅しながら、また宥めながら、私たちが成長していくあいだじゅうずっと振りかざした」経験が問題なのである。それは、ベンヤミンによれば、「たえず繰り返し年上の世代が年下の世代に教え継いできたもの」であり、金言や物語や教訓話しやさまざまな教えとして伝承されてきたものである。それらは一時代前まで確かにあった。しかし、そのような「指輪のように世代から世代へと受け継がれてゆく」経験は今もあるだろうか。一九三三年の時点でベンヤミンは、「否」と答えた。それはもはや望むべくもない。彼は次のように述べる。「経験の相場はすっかり下落してしまった。しかもそれは、一九一四年から一八年にかけて、世界史のなかでも最も恐ろしい出来事のひとつを経験することになった世代において起こっている。ひょっとするとこれは、目に映って見えるほどに不思議なことではないのかもしれない。当時私たちは、戦場から帰還してくる兵士らが押し黙ったままであることを、はっきりと確認できたのではなかったか？　伝達可能な経験が豊かになって、ではなく、それがいっそう乏しくなって、彼らは帰ってきたのだった」。

いったい何が起こったのか。戦場に送り出された兵士たちが語るべきことは山ほどあるのではないか。

なぜ、彼らは、「伝達可能な経験」が豊かになってではなく、乏しくなって帰ってきたのか。なぜ、「押し黙ったまま」なのか。この沈黙にこそ問いかけなければならない。常識的に考えれば、戦場でのさまざまな体験や経験には語られるべき多くの事柄がありうる。そうであれば、伝達可能な経験が豊かになって帰って来たとしても何ら不思議ではない。しかし、ベンヤミンは逆に一層乏しくなって帰って来たと述べている。もはや語りようがないのである。もはや伝えようがないのである。「戦争にまつわる出来事においてほど徹底的に、経験というものの虚偽が暴かれたことはなかった」からである。具体的には、「戦略に関する経験は陣地戦によって、経済上の経験はインフレーションによって、身体的な経験は飢えによって、倫理的な経験は権力者たちによって、ことごとく化けの皮を剥がされた」からである。その結果、われわれはどうなったか。「ちっぽけでもろい人間の身体」だけが残された。それ以外はすべて変わってしまった。

ベンヤミンの言うところの経験の貧困化である。戦場での兵士たちは、これまでの彼らの経験によって何とか理解できるというレベルをまったく越えた事態に遭遇していた。彼らの手持ちの経験では決して追いつけないような出来事に巻き込まれていた。それでは、何がこのような事態や出来事をもたらしたのか。テクノロジーの発展である。ベンヤミンは次のように言う。「技術のこの途方もない発展とともに、あるまったく新しい貧困が人間に襲いかかってきた。そして、占星術やヨガの英知、クリスチャン・サイエンスや手相術、菜食主義やグノーシス主義、スコラ哲学や交霊術、といったものの蘇りとともに人々のあいだに――あるいはむしろ、人々のうえに――浸透していった、あの重苦しいまでの、さまざまな思想の氾濫は、この新たな貧困の裏面をなすものなのだ。というのも、ここで起こっていることは真の蘇りではなく、たんなるメッキ現象にすぎないからである」。

ここでベンヤミンが「技術」の発展、もっと正確に言えば、「科学技術」の発展という言い方で考えているのは、知恵の集積としての経験の消滅であり、別の言い方をすれば、ハンナ・アーレントの言う「伝統」の喪失である。この事態はきわめて重要な意味をもつ。というのも、それは「あるまったく新しい貧困」をもたらすことになるからである。それゆえ、問題はこの新しい貧困という事態の解明である。ここには、ちょうど「近代」という時代が終わり、「現代」という新たな時代の始まりにおいて生じつつある、ある象徴的なものが含まれているのかもしれない。経験の貧困化は、世代間において起こる出来事、すなわち、ある世代において生じたテクノロジーの発展によって、われわれの経験が次の世代の人々に次々に追い越されていくという事態を越えて、一世代においてでさえ、私の過去が新たな私の現在によって日々置き去りにされていくというきわめて深刻な問題を孕んでいるからである。パソコンなどを例に挙げれば、この事態の深刻さは容易に理解できるだろう。買い求めた愛機は、わずかな年数で「終わったもの」になり、すぐさま新型のそれに取って代わられる。これは何も技術革新についてだけだけ当てはまる話しではない。かつては一度身につけた技は生涯にわたる財産だったが、今やそれは短い「賞味期限」しかもたない。生涯において、何度でも新しい技術に挑戦し続けることが生き残るこつなのである。

　実は、ベンヤミンの「経験の貧困」という考え方は、こうした現代社会の根本的な問題を先取りしたものだったのではないか。第一次世界大戦後の世界、一九二〇年代や三〇年代を舞台に、ベンヤミンは、この経験の貧困化というテーマのもとに、現代社会誕生の物語を科学技術の「途方もない発展」という観点から描いていたのではないか。見田宗介は『現代社会の理論』において、レーチェル・カーソンの『沈黙の春』を取り上げながら、一九五〇年代のアメリカにおける現代社会の誕生について語ったが、ベンヤミンは時間をもう少しさかのぼって、「一種の新たな未開状態」としての「経験の貧困」、すなわち、「たんに私的な経験であるばかりでなく、人類の経験そのものの貧困」において、ある新しい社会の出現を垣間見たのではないか。ここに、ベンヤミンの他の作品、一九三四年の「フランツ・カフカ」や一九三六年に発表された『複製技術時代の芸術作品』などを置いて考えれば、この経験の貧困化という事態のもつ意味はもっと明確なものになるかもしれない。一例を挙げると、上記のカフカ論において、ベンヤミンは次のように言う。「人間相互の疎外の度合が行きつくところまで行きついた時代、はかりしれないほどの媒介によって生じる関係だけが唯一の人間関係になった時代、このような時代に映画と蓄音機は発明されたのである。フィルムのなかでは、ひとは自分の歩き方を見分けることはできないし、蓄音機のなかの自分の声を聞き分けることもできない」（高木久雄訳「フランツ・カフカ」『文学の危機』所収、一九九六年、晶文社）。

注意して欲しいのは、「新しい貧困」ということでベンヤミンが何を考えていたかという点である。後に改めて触れるように、われわれは、経験の貧困化という事態を、時間や空間の経験の変化を含む、われわれの経験の様式そのものの変化にまで及ぶ、根本的変化と考えているが、これを過小評価して単に第一次世界大戦の「戦後」の問題にすぎないと考えてはならない。この事態は「世界史のなかで最も恐ろしい出来事を経験した世代」や「鉄道馬車で学校に通った世代」に起こった、限られた問題ではない。実はわれわれは、こうした出来事の延長上にいるのである。現代の社会にあっては、ベンヤミンがすべてが変貌する風景の中で唯一残されたものとして指摘した、あの「ちっぽけでもろい人間の身体」でさえもはや無傷では済まない。それどころか、われわれは今や、「生身の身体の消失」を生きているのである。「新しい貧困」が現代の社会にもたらすさまざまな問題について、ここで逐一取り上げるわけにはいかないが、一つだけ触れるとすると、ベルナール・スティグレールの言う「象徴的貧困」の問題である。「象徴的貧困」とは「過剰な情報やイメージを消化しきれない人間が、貧しい判断力や想像力しか手にできなくなった状態」を表すための概念であるが、スティグレールによれば、「現代の大きな危機は、象徴的貧困が進んだために、自分と他の人間を区別する境界があいまい」になったことにあり、「その結果自分が確かに存在しているという感覚が失われ、自分を本当に愛することもできなくなっている」(『朝日新聞』夕刊二〇〇六・二・一四)。そうした人間の危機がさまざまな社会問題や事件も引き起こしている」。ここではあまり深入りするわけにはいかないが、こうした「象徴的貧困」の考え方はベンヤミンの「新しい貧困」の延長上にあることは間違いないように思われる。

二

「経験と貧困」に戻ろう。先にも触れたが、ベンヤミンによれば、「経験の貧困」は単に個人的な経験ではなく、人類の経験そのものでもあり、新しい未開の状態であると考えられている。それでは、われわれはこの文明の頂点において現れた「未開状態」や「野蛮」にどのように対処すべきなのか。ベンヤミンは、乏しい経験しかもたない未開人が何かを始める場合を念頭に置いて、次のように言う。「つまり、新たに始めること、わずかばかりのもので遣り繰りすること、そのわずかばかりのものから拵え上げること、そしてその際に、右や左をきょろきょろ見ないこと。何はともあれまず一切を清算してしまうところから始める非情派が、つねに存在した」。ベンヤミンの希望は、この「新たに始めること」のうちにある。ちょうど、デカルトやアインシュタイン、ピカソやブラックを代表とするキュービストたちやクレーのような人々が、「時代についていかなるイリュージョンももたないこと、それにもかかわらず無条件に時代の側に立つこと」で、新しい可能性を開いたように。

同時代の人々の中で、とりわけベンヤミンの目を引いたのは、ドイツの作家パウル・シェーアバルト（一八六三―一九一五）である。ベンヤミンは同時代の作家ジュール・ヴェルヌと比べながら、次のように言う。「シェーアバルトの書いた長編小説のなかに、遠くからだと、ジュール・ヴェルヌ風に見えるものがある。けれども本当は、それらの小説は、ヴェルヌのものとは大いに異なっている。つまり、ヴェルヌにおいて、突飛な乗物に乗って世界じゅうをあちこち翔けめぐるのは、いつもフランスやイギリスの小金利生活者たちだけなのに対し、シェーアバルトの関心は、私たちの望遠鏡や飛行機やロケットが、従来の人間から、どのような、まったく新しくて一見に値する愛すべき生き物を造り出すだろうか、という問いに向けられていた。ちなみに、これらの新しい人間たちもまた、すでに、まったく新しい言語を口にしている」。問題は、ここで言われている「愛すべき生き物」の創造である。ヴェルヌに向けられる冷淡さは、たとえ世界をめぐる冒険があったとしても、それが何も新しいものを生み出すことがないからである。それは「小金利者」たちの単なる娯楽でしかない。しかし、シェーアバルトの作品の出発点は、「伝統的な人間像、厳粛に儀式ばった、高貴な感じのする、過去の供物を総動員して飾りたてた、そんな人間像とは袂を分かち、新生児のようにこの時代の汚らしいおむつをして泣き叫んでいる裸の同時代人」にあり、彼の目指すものはむしろこの経験の貧困そのものを生きている同時代人たちから、未開人が「いちばん初めの段階から新たに事を起こすように」、新しい人間像を創造することなのである。面白いことに、ここでは、望遠鏡や飛行機やロケットが新しい可能性を開くものとして積極的に評価される。テクノロジーの二面性である。それはこれまでの経験を徹底的に破壊し、われわれに経験の貧困をもたらした。しかし、ベンヤミンにとっては、これは不可避の事態であり、それゆえ、ここから失われた過去へと後戻りすることも未来への夢の飛躍もともに問題にもならない。重要なのは、

「新しい貧しさ」から始めることである。すなわち、望遠鏡や飛行機やロケットに、要するに、新しいテクノロジーに経験の破壊と創造の両義性を見ることである。そこから新たに始めることである。ベンヤミンにとっては、シェーアバルトこそがそれにふさわしい作家だったのである。

もう少しシェーアバルトにこだわって、「移動ガラス住宅」の話しをしよう。ベンヤミンによれば、シューアバルトは「自分の造り出した人物たちに――そしてこれらの人物たちに倣って同時代の市民たちにも――、社会的地位に応じた住宅を与えることに、最も重きをおいた」が、それがこのガラス住宅なのである。それにしても、なぜガラスなのか。ガラスは「他の物質の固着を許さない、硬質の滑らかな物質」であるだけではなく、「冷たくて飾り気のない物質」でもあるからである。そこには、「アウラ」がない。そこには「秘密」がない。そこには「痕跡」がないし、そもそも痕跡は残らない。ベンヤミンはここに、「新しい貧困に対する信仰告白者」としてのシェーアバルトを見る。ベンヤミンが一九一四年に出版されたシェーアバルトの『ガラス建築』の一節に触れているので、われわれもまたその一部を引こう。「ガラスのこの新しい環境は人間を完全に変えてしまうだろう。そしていまはただ、この新しいガラス文化に、あまりにも多くの敵が現れないようにと願うばかりである」。ベンヤミンの伝えるシェーアバルトの試みは、この「人間を完全に変えてしまう」環境の中から、「根本的に新しいもの」を創造することであった。だからこそ、「経験の貧困」があらゆる面で出発点なのである。

ベンヤミンは次のように言う。「経験の貧困――このことを、人間たちが新しい経験を切望しているかのように理解してはならない。彼らはいま、新しい経験を求めているのではなくて、そもそも、もろもろの経験から放免されることこそを切望しているのである。彼らは己が貧困を――外面的な貧困も、最後には内的な貧困も――そのありのまま明確に認めることができ、しかもその結果好ましい事態が明らかになる、そのような環境を切望しているのである。彼らは、しかしまた、必ずしも無知あるいは経験欠如というのでもない。むしろ逆のことがしばしば言える」。諸々の経験から放免されて、彼らはどこに向かうのか。差し当たっては、自分の貧しさと向き合うことである。「ありのままに明確に認めることである」。しかし、その状態はやはり「無知」や「欠如」にすぎないのではないか。そうではない。ベンヤミンは「むしろ逆のことがしばしば言える」と述べている。なぜか。彼らが新しい経験を望んでいるわけではないのは、彼らは「ありとあらゆるものを貪り食ってしまって、すっかり満腹したあげくうんざりしている」からである。そして、決定的な一節がやって来る。「誰よりも、こうした彼らこそ、シェーアバルトの次の言葉に図星をさされたと感じるのだ。『君らはみなひどくうんざりしているのだ。――しかもそれは、君らが自分の考えるところすべてを、まったく単純な、しかもそれでいて壮大な計画に集中しないからにすぎない』」。彼らは、君らは、人々は、そしてわれわれは、自分の考えを「まったく単純な、しかもそれでいて壮大な計画に集中しない」がゆえに、うんざりしている。それでは、ここで言われている単純で壮大な計画とは何か。なぜわれわれはお腹がいっぱいなのか。お腹がいっぱいなのは、貧しいにもかかわらず、貧しいがゆえに、目の前にあるものを「貪り食って」いるからである。

もはや経験は役に立たないにもかかわらず、役に立たないがゆえに、かえって経験にしがみついているからである。それゆえ、新しく始めるという「壮大な計画」に集中することができない。それが行きついた先が「うんざり」なのである。その「うんざり」と「満腹」の結果、何がやって来たのか。眠りである。ミッキー・マウスの生活である。

眠りにおいて、夢の中で、われわれは「昼間の情けなさや落胆」の埋め合わせをし、目覚めにおいては実現できない、あの単純で、それでいて壮大な生活を実現させる。ミッキー・マウスの生活は、「現代の人間たちが見るそうした夢」なのである。それにしても、ミッキー・マウスの生活の誘惑する力はどこからでてくるのか。「ミッキー・マウスの生活は奇蹟に満ちていて、その奇蹟は技術による奇蹟を凌駕するばかりか、それを笑いものにする。つまり、ミッキー・マウスの生活にあふれている奇蹟において最も注目すべきことは、それらの奇蹟がすべて、機械装置を用いることなく、準備なしの即興によって、ミッキー・マウスやその仲間、またその迫害者たちの身体から生じ来たり、あるいはごく日常的な家具や木、雲、湖といったものから立ち現われてくる、という点である。自然と技術、未開状態と文明的快適さが、ここでは完全に一体化している。そして、日常生活がもたらす限りない揉め事にうんざりしている人びと、人生の目的が、さまざまな手段が無限に連なるパースペクティヴのなかの、はるかかなたの消尽点としてしか見えていない人びと、こうした人びとの目の前にいま、ひとつの生活が救いとして立ち現われるのだ」。

要するに、誘惑の力の源泉は、「自然と技術、未開状態と文明的快適さ」との完全な一致にある。映画の暗いスクリーンの中で、一九三〇年代に大量に作られたパラマウント社のウォルト・ディズニー作品に人々が魅了された秘密がここにある。それはまた「経験の貧困」がもたらした皮肉な結果でもあった。しかし、それが「生活の救い」であったとしても、それが眠って見る夢の続きであったとしても、われわれは目覚めないわけにはいかない。それでは、目覚めたわれわれを待っているものとは何か。

ベンヤミンはこのエッセイの最後に次のように言う。「私たちは貧困になってしまった。人類の遺産もひとつまたひとつ、次々犠牲にして手放し、真価の百分の一の値で質に入れ、その代償として差し出された〈アクチュアルなもの〉という小銭を、やっとの思いで手にしなければならなかった。戸口には経済危機が顔を覗かせており、その背後には一つの影が、次の戦争が、忍び寄ってきている」。しかし、一九三三年に、ドイツ語原文でわずか六頁弱の、この第一次世界大戦とその戦後の省察の中から生み出された「経験と貧困」において、「次の戦争」の予感を書き留めたベンヤミンは、この戦争を経験することはできなかった。ベンヤミンが言うように、科学技術の途方もない発展によって「われわれは貧困になってしまった」のである。しかし、それはまた、「〈アクチュアル〉なものという小銭」の獲得でもあった。ただし、そこに、多大な犠牲や喪失があり、誰もが無傷では済まなかったという事情がある。その結果、やっとの思いで手にした小銭なのである。暗い予兆の中で残されたのはそれだけである。ベンヤミンの希望はこの小銭にある。しかもそれを使うのはもはや少数のエリートたちではない。多数の人々、いわゆる「大衆」である。ここに二〇世紀の社会の一典型を見ることは、さほど難しいことではないだろう。また、われわれがこの「経験と貧困」に現代社会誕生の物語を読み取るのもそれほど不自然なことでもないだろう。こうして、「新たに始めること」を実行した「偉大な創造者」たち、デカルトやアインシュタイン、ピカソやクレーのような人々の試みと、多数の者たちのそれとが合流する。「だが、多数の者たちはいま新たに、手にしているごくわずかのもので遣り繰りしなければならない。根本的に新しいものを自身の課題として。それを洞察と断念のうえに基礎づけた人びとと、彼らは気脈を通じている。これらの人びとの建築、絵画、物語のなかで、人類は、どうしてもそうしなければならないのなら、文化を超えて生き存えてゆく用意をしているのだ」。

三

最後に、ベンヤミンの新しい貧困という考え方を現在のわれわれの社会の問題として考えてみよう。かつて、山田太一は、ある新聞紙上で、二つの不安を区別して次のように語ったことがある。「不安が増している、と言っていいだろう。終戦直後の五〇年前に抱いた、努力すれば克服できる不安ではない。無力感にとらわれるような不安だ」。ここで「終戦」とあるのは、もちろん一九四五年の終戦のことであり、この文章は一九九六年のものであるから、ベンヤミンのエッセイから六三年後のものである。山田から見ると、われわれの現在は、後者の不安、努力によって克服できそうにない不安を抱え込んだ時代なのである。なぜか。ベンヤミンの経験の貧困化という事態への理解を深めた今、この問いに答えることは簡単である。それは、テクノロジーの問題、とりわけ技術革新の速度の問題から来ている。われわれは自分の身体を標準にした、あらゆる測定の基準を失って久しいが、速さに関しては、もはやどうにもならないところまで来ている。思考や想像の埒外なのである。その意味で、「無力感にとらわれるような不安」の時代なのである。われわれが生きた経験世界は、ことごとく変貌し、われわれの目の前から、日々終わったものとして失われてゆく。ここでは、われわれの愛用するものも、すでに「終わったもの」として自分の遅れを表すものでしかない。しかも、遅れはもはや許されない。その結果どうなるか。山田は次のように言う。「こうした経験から、私たちは目の前のものを愛せなくなり、不安が加速される。取り残されるのではないかという圧迫感にさいなまれ、より新しい、より便利なものを追い求める」。それどころか、今や、経験の様式そのものも変化している。一つだけ事例を挙げよう。

一つは、マクルーハンが一九六三年に書いた「外心の呵責」である。書き出しの文章で、彼は次のように言う。「西洋人が神経を自分の外側に出すプロセスを始めたのは電信が最初である。それ以前のテクノロジーは、すべて肉体の器官の拡張であった。例えば、車輪は足を自分の外部に出したものであり、都市を囲む城壁は皮膚を集めて外化(outering)させたものである。ところが、電子メディアは、中枢神経系の拡張であって、これは包括的で同時的な領域にほかならない。電信の発明以来、私たちは人間の脳と神経を地球全体に拡張させてきた。その結果、電子時代は実に不安な時代となった。人間は、頭蓋骨を内側に入れ、脳みそを外側に出して耐えている。私たちは異様に脆弱になった。米国で電信が商用化されたのは一八四四年。キルケゴールが『不安の概念』を出版した年である」(宮澤淳一訳「外心の呵責」『マクルーハンの光景──メディア論がみえる──』所収、二〇〇八年、みすず書房)。なぜ「内心の呵責」ではなく、「外心の呵責」なのか。「身体のあらゆる社会的拡張に特有の性質とは、そうした拡張がめぐりめぐって発明家たちに戻ってきて、彼らを苦しめる」からであり、拡張によって身体の外に出されたものが苦しめるからこそ、「内心の呵責」ならね「外心の呵責」なのである。マクルーハンはここからきわめて興味深い議論を展開していくことになるが、ここではこれ以上の深入りは避けなければならない。

もう一つは、今の身体の話しとも関連するが、ディヴィッド・ライアンの言う、「消失する身体」の問題である。ライアンは『監視社会』において次のように言う。「一九六〇年代以降、身体は加速度的に消失していく。通信情報テクノロジーによって、ファックスや固定電話による通信に加え、eメール、クレジットカード決済、携帯電話、インターネットも登場する。これは多くの関係が共在なしに可能になるということである。身体と個人的経験は袂を分かち、個人的経験の相当部分が社会的なものになる。電子テーブルや衛星電波そのものが絆となるわけではないが、それは、次第に電子的手段に媒介されていく。こうした関係の浸透が加速するにつれ、伝統的な統合様式を代替するものの追求も加速される」(河村一郎訳、青土社)。われわれはどこかで生身の身体を信用しているのである。しかし、ここに描かれているのは、互いに一緒に居合わせ、共に在ることによって、顔を見ることや言葉をかわすことや握手をすることで、「信用」を得るといった社会的なやり取りの消滅という事態である。生身の身体は、もはや生きた社会的関係の束ではない。それはもう「いらないもの」なのである。生身の身体の前では、われわれは言いたいことも言えず、むしろ居心地が悪いのである。ベンヤミンが指摘した、あの「ちっぽけでもろい人間の身体」すら、ここにはない。それは無傷で済まないどころか、消えてしまったのである。

かくして、ベンヤミンが提示した、テクノロジーの「途方もない発展」がもたらす「新しい貧困」は、われわれの過去と現在とを媒介するものとなる。それは、一方では、マンチェスターの大工場に集まった労働者階級の過酷な労働や惨めな衣食住の実体が問題となっていた、一八四〇年代のエンゲルスの『イギリスにおける労働者階級の状態』における、いわゆる「近代社会」の「貧しさ」との違いを想起させる。それはまた、他方では、「現代社会」の貧しさそのものを先取りした二つの概念、メディアの多様化が偽りの多様化にすぎず、逆に貧しさをもたらすというスティグレールの「象徴的貧困」や、ここでは触れられなかったが、今ここに住む自分の場所が居心地の悪いものとなり、日々異なるものに変貌するというジャン＝リュック・ナンシーの「異郷化」にまでつながる深さをあわせもつ。このように、「経験と貧困」のもつ魅力はわれわれの時代を貫き、未来にまで及ぶ。わずか数頁の小さな作品とはいえ、ベンヤミンのエッセイの思想の精髄がここに現れている。オマージュを捧げる所以である。

あとがき

記憶は間違う。特に、私の場合には、記憶に頼ることは危うい。『夢の中の日常』であったり、『ある戦いの風景』であったり。だから、ノートをとる、日記を書く、メモを残す。しかし、それでも間違う。今度は、書き留めていたものが見つからないからである。本についても事情は変わらない。本がどこかに逃げて行く訳ではないが、それを移動させると行方不明になる。どうにもならない。頭の中の整理と外の世界の整理を重ね、もっと単純にしなければならない。今こそ、『日常の中の哲学』を書かねばならないと思った理由の一つである。

出来上がったものを読む。ほとんど同じことを考え続けていることに驚きを禁じ得ない。悲しいことに、どこまでいっても、私は私でしかない。例えば、卒業論文で思いついたことがようやく形になり、四十数年後に自分で確かめるという日常の中の持続は、しかしながら、悪くはない。不快ではない。思い違いや勘違いは長い時間を生き続け、その背後にある文章までも支配している。題材は新しいが、発想や思考や論理は古い。間違いがあるがゆえの持続かもしれない。勘違いがあるがゆえに、継続があるのかもしれない。無数の思い違いや勘違いや誤りが今の私の支えなのかもしれない。私は間違う、ゆえに私はある、か。

『ミニマ・フィロソフィア』を二〇〇二年にまとめた。それは、官製はがきに出来るだけ小さな文字で書き、友人に送ったものに基づいて作ったもので、同じ試みは不可能である。それゆえ、決してそれの続編ではないのだが、今回、同じ出版社から、この『日常の中の哲学』を出すことになった。考え方は、変わってはいない。例えば、日常の生の状況の重視、概念から出発する哲学への懐疑、思考が思考として働く現実の生活の中での活動への注視、マトリックスとしての、母胎としての「経験」への還帰、表層と深層の往復運動、意識の立場から行為の立場への移行。これらはこの著書でも変わるところはない。絶えず、知識や観念や概念が生まれてくる場所であるわれわれの現実の生に立ち返って、思考が思考として、コトバがコトバとして誕生する、経験の運動そのものに従うこと、その弁証法的なダイナミズムに従うこと、それは、私の、戸惑いや混乱や変形や紆余曲折や苦しみの中での一貫した試みでもある。

柳田國男の『妹の力』ではないが、いつも女性たちに助けられてきた。代表して、愛する真子に本書を捧げたい。また、勤務先の文学部の同僚、西岡直樹さん、植木朝子さんに感謝したい。一部原稿を読んでいただき、書き直すことができた。その結果、本書の重要な文章が救われることになった。この『日常の中の哲学』の「文章たち」は何度か飛行機や電車に乗り、旅をした。北は函館から、南は福岡まで。函館の図書館で書いた文章は、結局は、作り変えたが、資料を確認し、本を借り、原型を作ったことは忘れがたい思い出である。この図書館のヴィデオ・ライブラリーで見た、アンドレイ・ズビャギンツェフの『父帰る』は、『裁かれるのは善人のみ』ともども、今回は取り上げなかったが、いつか書いてみたいと思っている。機会を作ってくれた娘の節子に感謝したい。福岡の文章も金沢の文章も失敗がもとになっている。失敗がなければ、書けなかったかもしれない。文章を書いていると、亡き父や母や姉や兄が夢の中に出てきて、悩まされた。「夢で会いましょう」とはよく言ったものだ。頻繁に来られても困るが、たまであれば、それはそれで悪くはない。死者たちの訪問の濃密さは、今の私には不快ではない。私の生もそう長くはないからかもしれない。

ぶっきらぼうな文章を書きたい。今はもう練り上げた文章より、投げ出すような文章が欲しい。ぽんと放り出す、あっさりやさっぱり、その醍醐味。こねる、作る、混ぜる、重ねる、何と暑苦しいことか。また本を出したいと思っている。今度は、さわやかで、朝の澄んだ陽の光のような文章を、ブレヒトの「神一、神二、神三」に分からないように書くことにしよう。しかし、これは願望。本書に収録できなかった文章、「自由主義者の嘆きを聞こうじゃないか」は戸坂潤について書いたものであるが、そうさわやかな文章でという訳にはいかない。また、ロシア革命についての文章や先に触れたズビャギンツェフの作品などはこねる、混ぜる、重ねる、作る等々、暑苦しさが必要になる。特に『裁かれるのは善人のみ』は、単に、「神なき世界の悲惨」ではなく、嘘をつく神、不誠実な神、いわばデカルトの「悪い霊」が統べる世界の悲惨を描かなければならないだけに、とても朝の陽の光のような訳にはいかないだろう。

しかし、書くだけの私はそれでいいが、今回もお世話になった萌書房・白石徳浩さんには手放しで喜べない話である。本書で触れたように、既に「ソラリスの恋」という一章を書き始めた私にとっては、次回作のことを考えると頭が痛い。出版事情が厳しい中、出版を引き受け、編集の労を取られた白石さんに感謝とお礼を申し上げる。彼の力添えがなければ、本書は陽の目を見ることはなかったであろう。私の望みはただ一つである。この『日常の中の哲学』が一人でも多くの読者をもつこと、それに尽きる。

二〇一八年二月　冬の終わりの夜に

庭田茂吉

■著者略歴
庭田茂吉（にわた　しげよし）
現在，同志社大学文学部教授，博士（哲学・同志社大学）
『現象学と見えないもの――ミシェル・アンリの「生の哲学」のために――』（晃洋書房，2001年），『ミニマ・フィロソフィア』（萌書房，2002年），『〈思考〉の作法――哲学・倫理学はじめの一歩――』（共著：萌書房，2004年），『暗い時代の三人の女性――エディット・シュタイン，ハンナ・アーレント，シモーヌ・ヴェイユ――』（共訳：晃洋書房，2010年），『レヴィナスにおける身体の問題Ｉ――「ヒトラー主義哲学に関する若干の考察」から『時間と他者』まで――』（萌書房，2018年）ほか著訳書多数。

日常の中の哲学

2018年5月10日　初版第1刷発行

著　者　庭田茂吉
発行者　白石徳浩
発行所　有限会社 萌《きざす》書房
〒630-1242　奈良市大柳生町3619-1
TEL（0742）93-2234 / FAX 93-2235
［URL］http://www3.kcn.ne.jp/~kizasu-s
振替　00940-7-53629

印刷･製本　モリモト印刷株式会社

ISBN978-4-86065-121-3